自卑与超越

[奥] 阿尔弗雷德·阿德勒 著
黄光国 译

民主与建设出版社
·北京·

图书在版编目（CIP）数据

自卑与超越 / (奥) 阿尔弗雷德·阿德勒著 ; 黄光国译 .
-- 北京 : 民主与建设出版社 , 2021.7

ISBN 978-7-5139-3614-9

Ⅰ. ①自… Ⅱ. ①阿… ②黄… Ⅲ. ①个性心理学
Ⅳ. ① B848

中国版本图书馆 CIP 数据核字（2021）第 131980 号

自卑与超越

WHAT LIFE SHOULD MEAN TO YOU

著　　者　[奥] 阿尔弗雷德·阿德勒
译　　者　黄光国
责任编辑　刘树民
出 品 人　周晓斌
出版统筹　千顷堂书局
封面设计　永承文化·邓琳娟
出版发行　民主与建设出版社有限责任公司
电　　话　（010）59417747　59419778
社　　址　北京市海淀区西三环中路 10 号望海楼 E 座 7 层
邮　　编　100142
印　　刷　大厂回族自治县彩虹印刷有限公司
版　　次　2021 年 7 月第 1 版
印　　次　2021 年 10 月第 1 次印刷
开　　本　880 毫米×1230 毫米　1/32
印　　张　9
字　　数　202 千字
书　　号　ISBN 978-7-5139-3614-9
定　　价　39.80 元

注：如有印、装质量问题，请与出版社联系。

▲新弗洛伊德派创始人之一，精神分析大师阿德勒（A · Adler，1870~1937）

▲柏林委员会的委员们（1922年）由左至右：前排弗洛伊德、费兰齐、汉斯；后排：朗克、亚伯拉罕、爱丁顿、钟士

▼国际精神分析协会大会纪念照（1911年）

◀同时代的精神分析巨擘
弗洛伊德（1856~1939）

► 荣格(1875~1961)

◀阿德勒的素描画像

▶盛年时代的阿德勒

目录

“道”与生命意义的追求

阿德勒所著的这本《超越自卑》原名 *What Life Could Mean to You*，我在研究所时被翻译成中文，1971 年出版。40 年来，这本书在台湾岛内市场上销路一直历久不衰。1976 年我从夏威夷大学获得博士学位，返回台大任教后，并没有在心理分析理论方面有所著述，反倒从 1980 年开始，致力于发展本土心理学。然而，我对弗洛伊德之后几位心理分析大师的作品却一直未能忘情，像阿德勒（Adler）、荣格（Jung）[1] 和弗洛姆（Fromm）[2] 等人的著作，对我从事

①卡尔·荣格（1875—1961）：瑞士心理学家。瑞士心理学家、精神科医师，分析心理学的创始者。曾任国际心理分析学会会长、国际心理治疗协会主席等，创立了荣格心理学学院。著有《荣格文集》21 卷。——编者注

②艾瑞克·弗洛姆（1900—1980）：美籍德国犹太人，人本主义哲学家和精神分析心理学家。代表作《爱的艺术》《逃避自由》等。——编者注

本土心理学的研究工作，一直启迪颇深。

最近我整合以往研究成果，出版《儒家关系主义：哲学反思、理论建构和实证研究》一书（黄光国，2009）今（2010）年7月，在印度尼西亚召开的“第一届国际亚洲本土及文化心理学研讨会”上，我被推选为会长。在会长的主题演讲中，我引述今年7月1日在Nature上发表的一篇报告指出：根据加拿大哥伦比亚大学Hendrich等三位教授所作的一项调查，在2003—2007年所出版的心理学论文中，有96%是以白人（White）、受教育（Educated）、工业化（Industrial）、富裕（Rich）及发达（Developed）国家的大学生作为样本，他们其实只占全世界人口的12%。Hendrich等人因此取这五个字的第一个字母，而称之为“怪异的”（Weird）样本。

在这场主题演讲中，我特别指出：当下世界心理学界主流的社会心理学理论，大多是建立在“个人主义”的基本预设之上。“亚洲本土及文化心理学会”最重要的使命，就是要以西方的科学哲学作为背景视阈，在“关系主义”的预设之上，建构各种理论，来研究“非怪异”（non-weird）国家人民的心理，以取而代之。从科学哲学的角度来看，这就是要推动一场社会科学的革命。

从目前西方主流的个人主义心理学来看，阿德勒的“个体心理学”其实是非常“非西方”或“非怪异”的。阿德勒的理论用“社会情怀”（gemeins chafts gefühl）一词来描述个体心理健康的理想状态，认为人类所有的问题都可以被归类在三大范畴之下：工作、社会与亲密关系。一个有勇气的个体，必然能够致力于完成这三项生活任务，能够与他人充分合作，其生命意味着“对人群怀有热忱，希望对人类福祉有所贡献。愿意成为人类整体生命的一部分”。这种基本论点显然不反映“个人主义”的主张，而是强调“关系主义”的价值。

阿德勒逝世之后，欧洲一直有一群心理学家不断地在研究并发展他当年所提倡的“个体心理学”，他所创设的《国际个体分析学刊》依旧在出刊。即使是在美国，也有人组成北美阿德勒心理学协会（North American Society of Adlerian Psychology），推广他的学说。然而，在实证主义心理学的钳制之下，他们的努力经常受到国际心理学界的忽视，象牙塔内的“蛋头学者”也往往不知道要如何用“科学方法”来检验“个体心理学”或心理分析学派的理论。然而他们的论述却因为对解决个人心理问题特别“实用”，而受到社会广大读者的喜爱。

不久之前，曾经担任过高雄师范大学辅导与咨商研究所创所所长，目前在美国伊利诺大学咨商与心理系执教的杨瑞珠博士，与她的同事 Blagen 博士合作，出版了一本英文著作《勇气心理学：阿德勒观点的健康社会生活》（*The Psychology of Courage: An Adlerian Handbook for Healthy Social Living*），并于最近把它翻译成中文，请我替她写一篇序言。在这本书中，两位作者一面介绍阿德勒的理论，一面描述据此发展出来的十六种激发“勇气”的工具，又适时引入许多道家或儒家的观点来支持他们的论述，由此可见：阿德勒的理论和中华文化有相当高的契合度。

这本书的第二章曾提到一个故事：阿德勒提出的“社会情怀”（gemeins chafts gefühl）一词，很难用适切的英语来加以表达。当他们在斯洛伐克（Slovak Republic）讲学时，翻译人员也找不到合适的字眼来传达原意。然而，当他们以德文重述给听众时，听众立刻表示完全了解。这桩故事显示：英、美文化是被个人主义所限制住的，这种“文化束缚”（cultural bound），使英文的使用者很难理解“社会情怀”的真正意义。

最近西方心理学开始流行所谓的“正向心理学”（positive psychology），大陆称之为“积极心理学”。在这股风潮影响之下，岛内也有一些咨商及心理学者开始引入西方“正向心理学”的理论，将心理健康的问题切割成许多琐细的变项，采用“实证主义”的研究方法，探讨变项与变项之间的相关，却完全无法予人以意义之感。鉴于这种研究取向的“走火入魔”，我最近又以《儒家关系主义》一书中的若干理论模式作为基础，撰成《反求诸己：现代社会中的修养》一书，讨论儒家文化传统中的“正向心理学”。

在我看来，儒家修养的核心理念就是把握“反求诸己”的精神，走出自己的“人生之道”。用阿德勒的理论来说，就是要在工作、社会与亲密关系中努力追求生命的意义。正是因为阿德勒的“个体心理学”跟“儒家关系主义”的文化传统有高度的亲和性（affinity），我相信《超越自卑》这本经典之作在大陆出简体字版，不仅对一般读者有莫大的裨益，也能让岛内的心理学界深入反思：我们究竟需要什么样的心理学？

“国家讲座”教授　黄光国

2010-8-25

译者序

思想是从生活之中孕育出来的。在阅读一本书之前，如果能够先了解作者的生平，那么对了解作者的特殊见地，必然有很大的帮助。

A. 阿德勒（Alfred Adler）1870 年出生于维也纳郊外一个米谷商人的家庭中，排行第二。他的家庭富裕，全家都热爱音乐，但是他却认为他的童年生活并不快乐。不快乐的原因来自他的哥哥，他觉得自己不管怎么努力都无法赶上哥哥的成就。他的哥哥是母亲的宠儿，他的父亲却比较宠爱他。他自小患有驼背，行动不便，因此，他哥哥的蹦跳活跃使他自惭形秽，觉得自己又小又丑，事事都比不上他的哥哥。尽管如此，他却是个友善而又随和的孩子。5 岁那年，他患了一场几乎使他致命的重病，痊愈之后，他便决心要当医师。后来，他说他自己的生活目标就是要克服儿童时期对死亡的恐惧，他的许多心理学上的观点都可以从他童年时代的记忆中寻出蛛丝马迹。

后来，他进入了维也纳大学。1895年得到了医药学位。两年后，他和来自俄国的留学生蒂诺菲佳娃娜结了婚。她是个个性张扬、能言善辩的女性，最关心她祖国的社会改革。她的特立独行和阿德勒所处阶级的保守风气并不十分协调，阿德勒在他的回忆录里说：男女平等这件事，说比做容易得多。由此可见，他们的婚姻最初可能有些小摩擦，不过后来两人倒也能相敬如宾，白首偕老。

阿德勒在维也纳居住期间，也像维也纳人一样，经常到咖啡馆和朋友及学生们一起饮酒作乐，谈天说地。他友善谦和，不拘小节，因此和三教九流的人都交上了朋友。

阿德勒曾经熟读弗洛伊德所著的《梦的解析》一书，他认为它对于了解人性有莫大的贡献。有一度，他曾在维也纳一本著名的刊物上，写文章为弗洛伊德的观点作辩护，结果弗氏写信给他，邀他加入弗氏所主持的讨论会——有人因此而认为阿德勒是弗氏的学生，其实大谬不然，他们是并驾齐驱、等量齐观的。虽然他的观点和弗氏迥然不同，但是，他仍然在1902年加入弗氏的集团。此后，他成为此集团的领导人之一，饱受弗氏的赞誉，并继弗氏之后，成为维也纳心理分析学会的主席，兼《心理分析学刊》的编辑。

1907年，阿德勒发表了有关由身体缺陷引起的自卑感及其补偿的论文，从而声名大噪。他认为：由身体缺陷或其他原因所引起的自卑，有可能摧毁一个人，使人自甘堕落或发生精神病，但另一方面，也可能使人发愤图强，力求振作，以补偿自己的弱点。例如古希腊的德摩斯梯尼（Demosthenes）[①] 原先患有口吃，经过数年苦练竟成为著名演说家。美国的富兰克林·罗斯福总统，患有小儿麻痹症，其奋斗事迹更是家喻户晓。有时候，一方面的缺陷也会使人在另一方面求取补偿，例如尼采[②] 身体羸弱，可是他却弃剑就笔，写下不朽的权力哲学。诸如此类的例子，在历史上或文学上真是多得不胜枚举。

早先，弗洛伊德已经主张：补偿作用是由于要弥补性的发展失调所引起的缺憾。受了弗氏的影响，阿德勒遂提出“男性钦羡（masculine protest）[③]”的概念，认为不论男性或女性都有一种要求强壮有力的愿望，以补偿自己不够男性化之感。

以后，阿德勒更体会到：不管有无器官上的缺陷，儿童的自卑感总是一种普遍存在的事实。因为他们身体弱小，必须仰赖成人生活，而且一举一动都受成人控制之故。当儿童们利用这种自卑感作为逃避他们能够做的事情的借口时，他们便会发展出精神病的倾向。如果这种自卑感在以后的生活中继续存在下去，它便会构成“自卑情结”。因此，自卑感并不是变态的象征，而是个人在追求优越地位时，一种正常的发展过程。

此时，弗洛伊德将阿德勒的观点认为是对自我心理学（ego psychology）的一大贡献，可是却觉得它未谈及本我（id）和超我（superego）等部分，而且所谓的“补偿作用”也只是自我的一种功能而已。这时候，阿德勒的观点尚未自成一个独立的系

①德摩斯梯尼（前384—前322年）：古雅典著名政治家、雄辩家和演说家。——编者注

②尼采（1844—1900）：德国著名哲学家，晚上罹患精神病。——编者注

③男性钦羡：意指追求男性的品质，达到对自卑感的克服和超越。——编者注

统，然而，当阿德勒主张补偿作用是其中心思想时，两人便势如水火了。

起初，两人还彼此容忍对方，可是当弗氏要求阿德勒登在其学刊上的文章要先接受荣格（Jung）的检查时，他们便正式闹翻了。弗氏致书给《心理分析学刊》发行人，要他把学刊封底上阿德勒的名字除掉，否则就把弗氏自己的名字去掉！维也纳心理分析学会为了这个问题曾经开了许多次会，由于弗洛伊德和其他许多人都坚持阿德勒的观点无法见容于心理分析学派，阿德勒便率领他的一群跟随者退出心理分析学会，而另组“自由心理分析研究学会”，并自称其研究为“个体心理学”。

在和弗洛伊德决裂之后，阿德勒便摒弃了弗氏泛性论的心理分析观点，他讥之为对性的迷信，并以社会的概念来解释男性钦羡。他并不否认潜意识动机的实在性，但是他却比弗氏更重视自我的功能。他也不否认梦的解释有其重要性，不过他却认为梦是解决个人问题的一种方法，而不像弗氏那样，事事都以性来解释。例如俄狄浦斯情结[①] 的发生，他也认为只是被宠坏的孩子对母亲的依赖而已。当然，性欲是存在的，不过它和饥饿或口渴一样，这种生物学上的因素只有在追求优越地位时，才能进入心理学的领域。

1911 年，有一位德国哲学家法依兴格尔（Hans Vaihinger）[②] 出版了一本书，叫做《“虚假”的心理学》（*The Psychology of “As If”*），

①俄狄浦斯情结：即恋母情结，是心理学中精神分析学派用语，源于希腊神话中的人物俄狄浦斯。——编者注

②法依兴格尔（1852—1933）：德国哲学家，曾任哈勒大学特聘教授。创办《康德研究》杂志，以此为基础又创立康德学会。——编者注

它对阿德勒的思想产生了重大的影响。法依兴格尔主张：人类都是凭借一些在现实上不存在的虚假目标而生活着的。我们认为宇宙是一个井井有条的实体，并以此种虚假的观念为基础，做出种种行为，其实宇宙是紊乱不堪的。我们造出了虚假的上帝，并且装模作样膜拜他，仿佛它是真有其人一般，其实哪里有什么客观存在的神？尽管这些东西在经验上都是虚假的，我们却不怀疑其真实性，我们的思想和行为也都深受其影响。阿德勒把这种概念引用到心理学上，尤其是因果关系的问题。弗氏把因果关系当作心理学的一项基本定律，他强调儿童时期的经验对人格有决定性的影响，但是阿德勒却在法依兴格尔的概念中看到足以打倒弗氏观点之物。他认为：促使人类做出种种行为的，是人类对未来的期望，而不只是其过去的经验。这种目标虽然是虚假的，却能使人类按照其期待，做出各种行为。个人不仅常常无法了解其目标的用意为何，有时他甚至不知其目标何在，因此，这种目标经常是属于潜意识的。阿德勒把这种虚假的目标之一称为“自我的理想”，个人能借之获得优越感，并能维护自我的尊严。

在第一次世界大战期间，阿德勒曾在奥地利军队中服役，充当军医。以后，他又曾在维也纳的教育机构中从事儿童辅导的工作。此时，他发现，他的观点不仅适用于父母和子女间的关系，而且可涵盖师生关系。他对教师们的影响既深且远，有许多个体心理学家都是出身自其观点活用于教育上的教师。

在 1920 年前后，阿德勒便已经声名远播了。在维也纳，有许多学生和追随者包围着他，他和他们一起度过了许多时光。然后，他便周游各国，到处讲学。1926 年，他初抵美国，受到热烈欢迎。1927 年，他受聘在哥伦比亚大学开讲座。1932 年，他又受聘为长岛医学院教授。同年，他出版了这本书，原名为《生活对你的意义》（*What Life Should Mean to You*）。

1934 年，阿德勒决定在美国定居。次年，他创办了《国际个体心理学学刊》。1937 年，阿德勒受聘赴欧洲讲学。由于四处争聘，他有时甚至一天之内要分赴两个城市演讲。由于过分劳累，他终因心脏病突发，死于苏格兰阿伯丁市的街道上。

阿德勒一生著作丰富。译者之所以选译此书，不仅因为此书著成于阿德勒思想最成熟的 1932 年，书中所言能包括阿氏最主要的思想，而且是因为此书平易近人，结构严谨——阿德勒的著作大多是依其演讲稿写成的，因此略嫌散漫——是以译者不揣浅陋，勉力译成，书中若有疏漏之处，尚祈读者不吝指正。

又本书在翻译期间承蒙瞿海源学长对翻译技术多方指导，朱品芳、陈丽明、陈竹华三位同学不厌其烦地订正我多处的错字，均令我十分感激。尤其是挚友陈正承，抱病为我检阅全书，更是令我感激万分，谨此一并致谢。

1971 年 1 月 30 日黄光国谨识于

台湾大学心理学研究所

1996 年重排大字本

附注：为了让读者更深入了解这位和弗洛伊德同属于精神心理学界大师级的重要人物，特别借重排大字本的机会，由曹永洋先生编排作者阿尔弗雷德·阿德勒年谱附于书后，深信他的著作对于节奏越来越快速，心灵越趋荒芜、疏离的现代人具有深刻的启示意义。

一 生活的意义

I. 生活对于我们的意义

人类生活于“意义”的领域之中。我们所感受到的，并不是单纯的环境，而是环境对人类的重要性。即使是对环境中最单纯的事物，人类的经验也是以人类的目的来加以衡量的。“木头”指的是“与人类有关系的木头”，“石头”的意思是“能作为人类生活因素之一的石头”。假使有哪一个人想脱离意义的范畴而使自己仅仅生活于单纯的环境之中，那么他一定非常不幸；他将自绝于他人，他的举动对他自己或别人都毫不起作用，总之，它们都是没有意义的。我们一直是以我们赋予现实的意义来感受它，我们所感受的不是现实本身，而是它们经过解释后的意义。因此，我们可以顺理成章地说，这些意义多多少少总是不完全的，它们甚至是不完全正确的。意义的领域即是充满了谬误的领域。

假如我们问一个人："生活的意义是什么？"他很可能回答不出来。通常，人们若不是不愿让这个问题来困扰自己，就是用老生常谈式的回答来搪塞它。然而，自有人类历史起，这个问题便已经存在了，在我们这个时代，青年们——甚至上了年纪的人们——也常会爆出这样的呼号："我们是为什么而活？生活的意义是什么？"不过，我们可以断言：他们只有在遭受到失败的时候，才会发出这种疑问，假使每件事情都平淡无奇，在他们面前也没有困难的阻碍，那么这个问题便不会被诉之于言辞。每个人都只把这个问题和对它的答案表现于自己的行为之中。如果我们对一个人的话语充耳不闻，而只观察他的行为，我们将会发现：他有个人对于"生活意义"的理解，他的姿势、态度、动作、表情、礼貌、野心、习惯、特征等等，都遵循此一意义而行。他的作风表现出：他好像对某种生活的解释深信不疑，他的一举一动都蕴含有他对这个世界和他自己的看法，他似乎断言："我就是这个样子，而宇宙就是那种形态。"这便是他赋予自己的意义以及他赋予生活的意义。

因人而异的生活意义是多得不可胜数的。而且，我们说过，每一种意义可能多少都含有错误的成分在里头。没有人拥有绝对正确的生活意义，而我们也可以说：只要是被人们应用的生活意义，也不会是绝对错误的。所有的意义都在这两个极端之间变化。然而，在这些变化里，不同的人赋予生活不同的意义却有高下之分：它们有些很美妙，有些则很糟糕；有些错得多，有些错得少。我们还能发现：较好的意义具有哪些共同特质，而较差的意义又都缺少哪些东西。这样，我们可以得到一种科学的“生活意义”，它是真正意义的共同尺度，也是能使我们应付与人类有关的现实的“意义”。在此，我们必须牢牢记住：“真实”指的是对人类的真实，对人类目标和计划的真实。除此之外，别无其他“真实”。如果还有其他“真实”存在，它和我们也没有关系，我们无法知道它，它也必然是没有意义的。

II. 我们必须认识人生中的三种联系

每个人都有三条重要的联系，这些联系是他必须随时铭记于心的。它们构成了他的现实，他们面临的问题都是这些联系所造成的。由于这些问题总是不停地缠绕着他，他也必须不断地回答因此而产生的问题，他的回答即能表现出他对生活意义的个人理解。

这些联系第一种是，我们居住于地球这个贫瘠星球的表面上，无处可逃。我们必须在这个限制之下，依靠我们居住的地球提供给我们的资源繁衍生息。我们必须发展我们的身体和心灵，以保证人类的未来得以延续。这是个向每个人索取答案的问题，没有人逃得了它的挑战。无论我们做什么事，我们的行为都是对人类生活情境的解答，它们显现出我们心目中认为哪些事情是必要的、合适的、可能的、有价值的。这些解答又都被“我们属于人类”以及“人类居住于此一地球之上”等事实所限制。

当我们考虑到人类肉体的脆弱性以及我们所居住环境的不安全性时，我们可以看出：为了我们自己的生命，为了全体人类的幸福，必须拿出毅力来界定我们的答案，以使它们眼光远大而前后一致。这就像我们面对一个数学问题一样，必须努力追求解答。不能单凭猜测，也不能希图侥幸，必须用尽我们力所能及的各种方法，坚定地寻求答案。我们虽然不能发现绝对完美的永恒答案，然而，却必须用我们的所有才能，来找出近似的答案。我们必须不停地奋斗，以找寻更为完美的解答，这个解答必须针对"我们被束缚于地球——这个贫瘠星球的表面上"这件事实，以及我们居住的环境所带给我们的种种利益和灾害。

现在，我们讨论第二种联系。我们并不是人类种族的唯一成员，我们四周还有其他人，我们活着，必然要和他们发生关联。个人的脆弱性和所受的种种限制，使得他无法单独地达到自己的目标。假使只有他孤零零地活着，并且想只凭自己的力量来应付自己的问题，他必然会灭亡掉。他无法保持自己的生命，人类的生命也无法延续下去。他必须和他人发生联系，此种联系是因为他的脆弱、无能和限制所造成的。个人为自己的幸福，为人类的福祉，所采取的最重要步骤就是和别人发生关联。因此，对生活问题的每一种答案都必须把这种联系考虑在内：它们必须虑及"我们生活在和他人的联系之中，假使我们变得孤独，我们必将灭亡"这个事实。我们最大的问题和目标就是：在我们居住的星球上，和我们的同类合作，以延续我们的生命和人类的命脉。我们要生存下去，我们的情绪、行为就必须和这个问题与目标互相协调。

我们还第三种联系所束缚。人类有两种性别，个人和团体共同生命的存续都必须依赖于这个事实。爱情和婚姻即属于这种联系，每一个男人或女人都不能对这个问题避而不答。人类面对这个问题时的所作所为，就是他对生活给出的答案。人们可以用许多不同的方式来解决这一问题，他们的举动即表现出：他们认为可以寻找到解决这个问题的最佳方法。这三种联系构成了三种问题：如何谋求一种职业，以使我们在地球的天然限制之下得以生存；如何在我们的同类之中获取地位，以使我们能互助合作并分享合作的利益；如何调整我们自身，以适应“人类存在有两种性别”和“人类的延续和扩展，有赖于我们的爱情生活”等事实。事实上，这三种问题就是人类不得不面对的职业、社会和性这三个问题。

个体心理学（Individual Psychology）的研究发现，生活中的每一个问题几乎都可以归纳于职业、社会和性这三个主要问题之下。每个人对这三个问题作反应时，都明白地表现出他对生活意义的最深层的感受。举个例子说吧，假如有一个人，他的爱情生活很不完美，他对职业也不够尽心尽力，他的朋友很少，因为他发现与同伴接触是件痛苦的事。那么，由他生活中所遭遇的这些拘束和限制，我们可以断言：他一定会感到“活下去”是件艰苦而危险的事，生活对他来说机会太少而挫折太多。他活动范围的狭窄，可以用他的判断来加以了解：“生活的意义是——保护我自己以免受到伤害，把自己圈起来，避免和别人接触。”反过来说，假使有一个人，他爱情生活的各方面都非常甜蜜而融洽，他在工作上取得了可观的成就，他的朋友很多，他的交际范围广泛而成果丰硕。我们能断言，这样的人必然会感到：生活是件富于创造性的历程，它提供了许多机会，却没有不可克服的困难。他应付生活中各种问题的勇气，可以用下面的断语来加以了解：“生活的意义是——对同伴发生兴趣，作为团体的一分子，并对人类幸福贡献出自己的一份力量。”

III. 社会情感

在这里，我们可以看出：各种错误“生活意义”的共同特征和各种正确“生活意义”的共同特征。所有失败者——神经病患者、精神病患者、罪犯、酗酒者、问题少年、自杀者、堕落者、娼妓——之所以失败，就是因为他们缺乏从属感和社会兴趣。他们在处理职业、友谊和性等问题时，都不相信这些问题可以用合作的方法来加以解决。他们赋予生活的意义，是一种属于个人的意义。他们以为，没有哪个人能从完成目标中获得利益，他们的兴趣也只停留于自己身上。他们争取的目标是一种虚假的个人优越感，他们的成功也只有对他们自身才有意义。谋杀者在手中握有一瓶毒药时，可能会体会到一种权力之感，但是，很明显，他只能使自己相信自己的重要性，对别人而言，拥有一瓶毒药并不能抬高他的身价。事实上，属于私人的意义是完全没有意义的，意义只有在和他人交往时，才有存在的可能。我们的目标和动作也是一样，它们的唯一意义，就是它们对别人的意义。每个人都努力地想使自己变得重要，但是如果他不能认为：人类的重要性是依他们对别人生活所作的贡献而定的，那么他必定会踏上错误的道路。

我曾听过一则关于一个小宗教团体领袖的轶事。有一天，她召集了她的教友，告诉他们：世界末日在下星期三就要来临了。教友们在震惊之下，变卖了自己的财产，放弃了俗世的杂念，紧张地等待天灾地变的到来。结果，星期三毫无异象地过去了。星期四，一些教友汇集起来，向她兴师问罪：“瞧瞧我们处境的困难吧！”他们说：“我们放弃了所有的保障，我们告诉我们遇到的每一个人世界末日即将来临。他们讥笑我们的时候，我们还充满信心地说：我们的消息是从最绝对的权威处听来的。现在星期三已经过了，世界怎么仍然完整无恙呢？”“可是，”这位女先知说道：“我的星期三并不是你们的星期三呀！”她就这样用属于她私人的意义来逃避别人的攻击。属于私人的意义实在是经不起考验的。

所有真正“生活意义”的标准是，它们都是共同的意义——它们是别人能够分享的意义，也是能被别人认定为有效的意义。能够解决生活问题的优良方法，必然也能为别人解决类似的问题：因为我们在其中可以看出如何用成功的方式来应付共同的问题。即使天才，也只能用其至高无上效用来定义，因为一个人的生命只有被别人认定为对他们很重要时，他们才会称他为天才。由此，表现于这种生活中的意义必然为：“生活意指——对团体贡献力量。”在这里，我们谈的不是职业动机。我们不管职业，而只注意成就。能够成功地应付人类生活中问题的人，他行为的方式显然已经认清：生活的意义在于对别人发生兴趣以及互助合作。他所做的每件事情似乎都被其同类的喜好所指引，当他遭遇困难时，他会选择用不和别人利益发生冲突的方法来加以克服。

对许多人而言，这很可能是一种新的观点，他们也许会怀疑，我们赋予生活的意义是否真的应该是奉献、对别人发生兴趣和互助合作。他们或许会问：“对于自己，我们又该做些什么呢？要是一个人老是考虑别人，老是为别人的利益而奉献自己，他难道不会感到痛苦？如果一个人想要适当地发展自己，至少他也应该为自己设想一下吧？我们难道不应该学习怎样保护我们自身的利益，或加强我们本身的人格么？”这种观点看似正确，但却是大谬不然的，它提出的问题都是虚假的问题。假若一个人在他赋予生活的意义里，希望对别人能有所贡献，而且他的情感也都指向了这个目标，他自然会把自己塑造成最有贡献的理想形态。他会为他的目标而调整自己，他会以他的社会感觉来训练自己，他也会从练习中获得种种能力和技巧。只要他认清了目标，学习即会随之而行。慢慢地，他会开始充实自己以解决这三种生活问题，并扩展自己的能力。让我们以爱情与婚姻为例。如果我们深爱着我们的伴侣，如果我们致力于充裕我们爱侣的生活，我们自然会竭尽所能地表现出自己的能力和才华。假使我们没有奉献的目标，而只想凭空发展人格，那就只是在装腔作势，徒然使自己更不愉快而已。

另外，还有一点足以证实，奉献乃是生活的真正意义。我们可以审视一下祖先留给我们的遗物，将会看到什么？他们留给我们的，都是他们对人类生活的贡献。我们看到开发过的土地，我们看到公路和建筑物。在传统中，在哲学里，在科学和艺术上，以及在处理人类问题的技能方面，无不体现了我们的祖先将生活经验互相交流的成果。这些成果都是对人类幸福有所贡献的人们留下来的。其他的人们又怎么样呢？那些不懂得合作和奉献的人，那些赋予生活另一种意义的人，那些只会问：“我该怎样逃避生活”的人，都怎么样了？他们身后一点痕迹也没有留下。他们不仅已经死亡，他们的整个生命也是如此的苍白无力。我们的地球似乎曾对他们说过：“我们不需要你，你根本不配活下去。你的目标，你的奋斗，你所抱持的价值观念都没有未来可言。滚开吧！一无可取的人！快点死亡，快点消逝掉吧！”对于不是以合作和奉献作为生活意义的人，我们所下的最后结论是："你是没有用的。没有人需要你，请你走开！"当然，在我们现代的文化中，我们可以看到许多不完美之处，当我们发现弊病，我们就该致力于改变它,不过这种改变仍然必须以为人类谋取更多福祉为前提。

了解这种事实的人是到处都有的。他们知道生活的意义是对人类全体发生兴趣，他们也努力地培养爱情和社会兴趣。在各种宗教中，我们都能看到这种救世济人的胸襟。世界上所有伟大的运动，都是人们想要增加社会利益的结果，宗教即是朝此方向努力的最大力量之一。然而，宗教的本旨却经常被曲解，除非它们在它们现有的表现外，更直接地致力于此工作，我们便很难再看出宗教在增加社会利益方面还能做更多的事。个体心理学以科学方法，采用了科学技术，也获得同样的结论。由于科学使人类对其同类的兴趣大为增加，所以它或许比政治或宗教等其他运动更能接近这一目标。我们从各种不同角度探讨这一问题，但目标却始终如一——增加对别人的兴趣。

因为这种赋予生活的意义，其性质有如我们事业的守护神或附在我们身上的恶魔，所以我们对：这些意义是如何形成的，它们彼此之间有哪些不同，如果它们犯了重大的错误，又应如何纠正等问题，事情的了解，乃是非常重要之事。这是属于心理学的研究范畴。心理学有别于生理学或生物学，就是它能利用对"意义"以及它们对人类行为及人类未来之影响等事情的了解，来增进人类的幸福。

IV. 童年对人生的影响

从呱呱坠地之日起，我们即在摸索着追寻此种“生活的意义”。即使是婴孩，也会设法估计一下自己的力量，和此种力量在环绕着他的整个生活中所占的分量。在生命开始第五个年头，儿童已发展出一套独特而固定的行为模式，这就是他对付问题和工作的样式。此时，他已经奠下“对这世界和对自己应该期待些什么”的最深层和最持久的概念。以后，他会利用一张固定的统觉表（Scheme of apperception）[①] 来观察世界：经验在被接受之前，即已被预先做了解释，而此种解释又是依照最先赋予生活的意义进行的。即使这种意义错得一塌糊涂，即使这种处理问题和事物的方式会不断带来不幸和痛苦，它们也不会轻易地被放弃。只有重新检讨造成此种错误解释的情境，找出谬误之所在，并修正统觉表，这种生活意义中的错误才能被矫正过来。在少数情况下，个人也许会被错误的行为方式导致的结果所逼迫，而修正他所赋予生活的意义，并凭自己的力量成功地完成此种改变。然而，如果没有社会的压力，如果他没有发现，假使他再我行我素，他必然会陷入绝境，那么他肯定不会这样做。而且，这种错误的行为方式的修正，大部分要借助于某些受过训练而了解这些意义的专家，他们能帮助人们发现最初的错误，并给出一种较为合适的生活的意义。

让我们举个例子说明童年时的情境可以用许多不同方式来

①统觉：一般指当前事物引起的知觉与过去的知识经验相结合，以提高意识清晰度并充分理解事物意义的心理活动。——编者注

解释。童年时期的不愉快经验是可能赋予完全相反的意义的。不顾不愉快经验的人，他的经验除了能告诉他做某些防患未然之事外，便不会影响他们对待生活的态度。他觉得：“我们必须努力改变这种不良环境，以保证我们的孩子能被安置得更好。”另一种人会觉得：“生活是不公平的。别人总是占尽了便宜。既然世界这样待我，我为什么要善待这个世界？”有些父母就这样告诉他们的孩子：“我小时候也遭受过许多苦难，我都熬下去了。为什么他们就不能吃苦？”第三种人则可能觉得：“由于我不幸的童年，所以我现在做的每件事都是情有可原的。”这三种人的解释都会表现在他们的行为里。除非他们改变他们的解释，他们的行为便不会有所改变。在此，个体心理学扬弃了决定论。经验并不是成功或失败的原因，人们一般不会被经验过的打击（即所谓“震惊”trauma）所困扰，它反而会助推我们确立个人目标。我们被我们赋予经验的意义决定了自己：当我们以某种特殊经验，作为自己未来生活的基础时，很可能就犯了某种错误。意义不是由环境决定的，我们以我们赋予环境的意义决定我们自己。

生理缺陷

然而，在儿童时期，有某些情境却很容易孕育出严重的错误意义。大部分的失败者都来自在这种情境下成长的儿童。首先，我们要考虑曾经因为在婴儿时期患病或先天因素而导致身体器官缺陷的儿童。这种儿童心灵的负担很重，他们很难体会到：生活的意义在于奉献。除非有和他们很亲近的人能把他们的注意力由他们自身引到别人身上，通常他们大都只会关心自己的感觉。以后，他们还可能因为拿自己和周围的人比较，而感到气馁。在现代文化中，他们甚至还会因为同伴的怜悯、揶揄或逃避而加深自卑感。这些环境都可能使他们转向自己、丧失在社会中扮演有用角色的希望，并产生自己被这个世界侮辱了的错误感觉。

我想我是第一个研究器官有缺陷或内分泌异常儿童所面临的困扰的人。这方面的研究虽然已经相当成熟，可是它发展的方向却非如我所愿。我一直想找出可以克服此种困难的方法，而不是想找寻能够把失败的责任归之于遗传或身体缺陷的证据。器官的缺陷并不能强迫人们采取错误的生活模式。我们无法找出内分泌腺对他们有同样效果的两个儿童。我们经常看到克服此种困难的儿童，他们在克服这些困难时，还发展出非常有用的才能。在这方面，个体心理学并不鼓吹优生学的选择。有许多对我们文化有重大贡献的杰出人才都有器官上的缺陷，他们的健康状况很差，甚至有人英年早逝。然而，这些奋力克服身体或外在环境的困难的人，却给我们的社会带来了许多新的贡献和进步。奋斗使他们坚强，也使他们奋勇向前。光看肉体，我们无法判断心灵将会朝好的还是坏的方面发展。可是，器官或内分泌腺有缺陷的儿童，绝大多数都未被导向正途，他们的困难也未曾被了解，结果他们大多变得只对自己感兴趣。因此，我们发现在早年生活曾因器官缺陷而感受到压力的儿童之中有许多是失败者。

溺爱

第二种经常在赋予生活的意义中造成错误的情境，是把儿童娇纵宠坏的情境。被娇宠的儿童多会期待别人把他的愿望当命令看待，他不必努力便成为天之骄子，通常，他还会认为与众不同是他的天赋权利。结果，当他进入一个不是以他为众人注意中心的情境，而别人也不以体贴其感觉为主要目的时，他即会若有所失而觉得世界亏待了他。他一直被训练为只取不予，而从未学会用别的方式来与他人相处。别人老是服侍着他，渐渐地使得他丧失了独立性，不知道他自己也能做些什么事情。当他面临困难时，他只有一种应付的方法——乞求别人的帮助。他似乎以为：假使他能再获得突出的地位，假使他能强迫别人承认他是特殊人物，那么他的处境就会大为改观了。

被宠坏的孩子长大之后，很可能成为我们社会中最危险的群体。他们中的有些人会严重地破坏善良意志，他们会装出“媚世”的容貌，以博取擅权的机会，可是却暗中打击平常人在日常事务上所表现的合作精神。还有些人会做出更公开的反叛：当他们不再看到已经习惯的谄媚和顺从时，他们即会觉得自己被出卖了；他们认为社会对他们充满敌意，因而想对所有同类施以报复。假使社会真的对他们的生活方式表示出敌意（这种事经常发生），他们会拿这种敌意作为他们被亏待的新证据，这就是惩罚为什么总是不产生效果的道理：它们除了加强“别人都反对我”的信念外，就一无所用了。被宠坏的孩子无论是暗中破坏或是公开反叛，无论是以柔术驾驭别人或是以暴力实施报复，他们在本质上都犯着同样的错误。事实上，我们发现：他们中有许多人先后使用着这两种不同的方法，而其目标却始终未变。他们觉得：“生活的意义是——独占鳌头，被认为是最重要人物，并获取心中想要的每件东西。”只要他们继续将这种意义赋予生活，他们所采取的每种方法都是错误的。

忽视

第三种很容易造成错误的情境，是被忽视的儿童所处的情境。这样的儿童从不知爱与合作为何物：他们建构了一种没有把这些友善力量考虑在内的生活解释。我们不难了解，当他面对生活中的问题时，他总会高估其中的困难，而低估自己应付问题的能力和旁人的帮助及善意。他曾经发现社会对他很冷漠，从此他即误以为社会永远是冷漠的。他不知道他能用对别人有利的行为来赢取感情和尊敬，因此，他不但怀疑别人，也不能信任自己。事实上，感情的地位是任何经验都无法取代的，母亲的第一件工作，就是让她的孩子感受到她是值得信赖的人，然后她必须把这种信任感扩大，直至涵盖儿童环境的全部为止。如果她的第一个工作——获得儿童的感情、兴趣和合作——失败了，那么这个儿童便不容易对社会产生兴趣，也很难对其同伴有友好之感。每个人都有对别人发生兴趣的能力，但是此种能力必须被启发、被磨练，否则其发展即会遇到挫折。

假使有个完全被忽视、被憎恨或被排斥的儿童，我们会发现他很孤单，不能和别人交往，无视于合作的存在，也全然不顾能帮助他和别人共同生活的任何事物。然而，我们说过，在这种环境下的个体必然会死亡。儿童只要度过了婴儿期，便足以证明他已经受到了某些照顾和关怀。因此，我们不讨论完全被忽视的儿童，我们只考虑那些受到的照顾较少者，或只在某方面受到忽视其他方面却一如常人者。总之，我们说：被忽视的儿童必然未曾发现值得他十分信赖的人。我们的文明有种悲哀的讽刺，那就是有许多生活中的失败者，其出身都是孤儿或私生子。通常，我们都把这种儿童归纳于被忽视的儿童之中。

这三种情境——器官缺陷、被娇纵、被忽视——最容易使人将错误的意义赋予生活。从这些情境中出来的儿童几乎都需要帮助以修正他们对待问题的方法。他们必须被帮助以赋予生活较好的意义。假使我们关心过这些事情——这就是说，假如我们对他们有真正的兴趣，也曾在这方面下过工夫——我们将能在他们所做的每件事情中，看出他们的意义。

V. 早期的记忆和梦境

梦和联想已被证实为很有用处，做梦时和清醒时的人格都是相同的，但是在梦中社会要求的压力较轻，人格能不经过防卫和隐瞒而表现出来。不过，要了解个人赋予自己和生活的意义，最大的帮助来自其记忆。每种记忆都代表了某些值得回忆之事，不管他能想起的是多么少的一点点。当他回忆时，它之所以能够被想起，即是因为它在他生活中所占的分量，它告诉他："这是你应该期待之物"或"这是你应该躲避之物"或"这就是生活！"我们必须再强调，经验本身并不如留于记忆中而被凝结成生活意义的经验来得重要，每件记忆都是值得纪念之物。

要弄清一个人对待生活的特殊方式已存在多久，以及何种是影响其生活态度形成的最初环境，儿童早期的回忆是特别有用的。最早的记忆之所以重要，有两个原因。第一，个人对自身和环境的基本估计均包含于其中，它是个人将他的外貌、他对自己最初的认知以及别人对他的要求等等第一次综合起来的结果。第二，它是个人主观的起点，也是他为自己所作记录的开始。因此，在其中我们经常可以发现：他觉得自己所处的脆弱和不安全的地位，以及被他当作理想的强壮和安全的目标，二者之间有着强烈的对比。至于被个人当作最早记忆的，是否确实是他所能记起的第一件事，或是否是他对真实事情的回忆，对心理学的目的而言，则是无关紧要的。记忆的重要性，在于它们被“当作”为何物、对它们的解释，以及它们对个人现在和未来生活的影响。

在此，我们可以举几个最初记忆的例子，并看看它们所造成的“生活意义”。

案例一

“咖啡壶掉在桌子上，把我烫伤了。”这就是生活！当我们发现：以这种方式开始其自述的女孩子总是无法摆脱孤独无助之感而高估生活中的危险与困难时，我们不必讶异。假使她在心中责备别人没有好好照顾她，我们也不用惊奇。因为必定有某些人非常粗心大意，才会让这样幼小的孩子遭受这样大的危险！

在另一个最初记忆中，也呈现出类似的世界形象。

案例二

“我记得我3岁的时候，曾经从婴儿车上摔下来。”随着这种最初记忆，他反复做着这样的梦：“世界末日已到。我在午夜醒来，发现天空被火照得通红。星辰都纷纷往下坠，我们也将和另一个星球相撞。可是，在撞毁之前，我醒过来了。”当这个学生被问到“是否惧怕何物时”，他说：“我怕我不能在生活中获得成功。”他的最初记忆和反复的噩梦构成足以使他气馁之物，从而使得他害怕失败和灾难。

案例三

一个由于夜尿和母亲不停地发生冲突，而被带到医院来的12岁男孩，说他的最初记忆是：“妈妈以为我丢失了。她非常害怕地跑到街上大声叫我，其实我一直藏在屋子里的一个橱柜中。”在这个记忆里，我们可以看到一种臆测：“生活的意义是——用找麻烦来博取注意。获取安全感的方法就是欺骗。我虽然被忽视了，但是我却能愚弄别人。”他的夜尿也是他用来使自己成为担心和注意中心的一种方法。他母亲对他所表现的焦虑和紧张，正加强了他对生活的这种解释。像前面的例子一样，这个孩子很早就得到一种印象，以为外在世界中的生活是充满危险的，他只有在别人为他的行为担心时才觉得安全。也只有用这种方式，他才能向自己保证：当他需要保护时，别人就会来保护他。

案例四

有个35岁的妇女，她的最初记忆是这样的：“3岁那一年，有一次，我独自走进地窖。当我在黑暗中走下楼梯时，比我稍大的堂兄也打开门，跟着我走下来。我被他吓了一大跳。”由这个记忆看来，她可能很不习惯和其他孩子一起游玩，尤其是不喜欢和异性在一起。对“她是独生女”的猜测，结果被证实是正确的，而她在35岁之龄，依然还没结婚。

由下面例子，可以看出社会感觉更进一步的发展。

案例五

“我记得妈妈让我推载着小妹的娃娃车。”然而，在这个例子中，我们还可以看到某些征象显示：她只有和比自己弱小的人在一起才觉得自在以及她对母亲的依赖。当新婴儿降生时，要得到年纪较大的孩子的合作，最好是让他们帮忙照顾他，使他们对他产生兴趣，并分担保护他的责任。如果得到了他们的合作，他们便不会把父母集中在娃娃身上的注意力当作是对他们重要性的一种威胁。

想和别人在一起的欲望，并不一定是对别人真正有兴趣的证明。

案例六

有一个女孩子，在被问及其最初记忆时，说道："我和姐姐及两个女孩一起游玩。"在此，我们当然可以看出她正慢慢地学习和别人交际，可是，当她提起她最大的惧怕——"我怕别人都不理我"时，我们却能觉察到她的挣扎。从这里，我们还能看出她缺乏独立性的征象。①

一旦我们发现并了解了生活的意义，我们即已掌握了解整个人格的钥匙。曾经有人说：人类的特征是无法改变的，事实上，只有对那些未曾把握住解开此种困境之钥的人，这种说法才为正确。然而，我们说过：假使无法找出最初的错误，那么讨论或治疗也都没有效果，而改进的唯一方法，在于训练他们更合作及更有勇气地面对生活。

①征象：迹象。——编者注

VI. 学会合作的重要性

合作也是我们拥有的防止精神病倾向发展的唯一保障。因此，儿童应该被鼓励及被训练以合作之道；在日常工作及平常游戏中，他们也应该被允许在同龄儿童之间按自己的行为方式做事。对合作的任何妨碍都会导致最严重的后果。例如，只学会对自己有兴趣的被宠坏的孩子，很可能把对别人缺乏兴趣的态度带到学校。他对功课有兴趣，只是因为他认为这样做能换来老师的恩宠；他也只愿意听取他觉得对自己有利的事物。当他接近成年时，缺乏社会感觉对他的不利就会变得愈来愈明显。在他的这种毛病开始发生时，他已经不再为具备责任感和独立性而训练自己，而他本身的特质也已经不足以应付任何生活的考验了。

我们不能因为他的短处而责备他。当他开始尝到苦果时，我们只能帮助他设法加以补救。我们不能期待一个没有上过地理课的孩子，在这门课上取得好成绩；我们也不能期待一个未被训练以合作之道的孩子，在面临一个需要合作训练的工作之前，会有良好的表现。但是，每种生活问题的解决都需要合作的能力，而每种工作也都必须在人类社会的架构下，以能够增进人类福祉的方式来予以执行，只有了解生活的意义在于奉献的人，才能够以勇气及较大的成功机会来克服困难。

如果老师们、父母们及心理学家们都能了解：赋予生活以某种意义时可能犯的错误，而如果他们自己也没有犯同样错误，我们就能相信缺乏社会兴趣的儿童对他们自己的能力，对生活的机会，就会有较乐观的看法。当他们遇到问题时，他们就不会停止努力、找寻捷径、设法逃离、推卸责任，口出怨言以博取关怀或同情，或觉得非常丢脸而自暴自弃，或问："生活有什么用处？它使我得到什么？"他们会说："我们必须开拓我们的生活。这是我们的责任，我们也能够对付它。我们是自己行为的主宰。除旧布新的工作，舍我其谁！"假使每个独立自主的人，都能以这种合作的方式来对待其生活，那么我们将可以看出：人类社会的进步必然是无止境的。

二

心灵与肉体

人们对“到底是心灵支配肉体，还是肉体控制心灵”这个问题一直争论不休。参加争论的哲学家们分为唯心论者或唯物论者，双方各执一词。他们提出了数以千计的论据，可是这个问题仍然悬而未决。个体心理学可能有助于这个问题的解决，因为在个体心理学中，我们事实上是在研究肉体和心灵的动态相互关系。亟待治疗的病人都具有肉体及心灵，如果我们治疗的理论基础是错误的，我们便无法帮助他。我们的理论必须是从经验中推导出来的，它也必须经得起实际应用的考验。我们生活于这些相互关系中，我们必定要接受找出正确观点的挑战。

1. 心灵与肉体的互动作用

个体心理学的发现在很大程度上消除了这个

问题所造成的紧张情势。它不再是水火不相容的问题。我们认为肉体和心灵二者都是生活的表现，它们都是整体生活的一部分，而我们也开始以整体的概念来了解其相互关系。人类的生活，是可以四处走动的动物的生活，只发展肉体对人类而言必然是不够的。植物是生了根的，他们停留在固定地方无法活动。因此，发现植物有心灵——只要是我们所能了解的任何形式的心灵，都必定会使人惊奇万分。假使植物能预见未来，它们的官能也会使之一无所用。假定植物能想："有人来了，他马上就要踩到我，我将死在他脚下了。"可是这有什么用呢？植物仍然无法逃开它的劫数。

然而，所有能动的动物，都能预见并计划他们所要行动的方向。这种事实使得我们不得不假设：他们都具有心灵或灵魂。

"你当然有思虑，
否则你就不会有动作"①

预见运动的方向是心灵最重要的功用。认清了这一点，我们就能了解心灵如何支配着肉体——它为肉体订下了动作的目标。如果没有努力的目标，只在不同时间激发起一些散乱的动作，这是没什么用的。因为心灵的功能在于决定动作的方向，所以它在生活中占着主宰的地位。同时肉体也影响着心灵，因为做出动作的是肉体。心灵只能在肉体所拥有的及它可能被训练发展出来的能力之内，指挥肉体。比方说，假使心灵想要使肉体奔向月亮，

①《哈姆雷特》，第三场，第四景。

那除非是它先发明一种可以克服身体限制的技术，否则它便注定要失败。

人类比其他动物更善于活动。他们不仅活动的方式较多——这一点，可由他们手的复杂动作中看出——而且，他们也较能利用他们的活动，来改变围绕着他们的环境。因此，我们可以预料：人类心灵中，预见未来的能力必将有最高度的发展；而且，人类也必会明显表现出：他们正在有目的地奋斗，以增进他们在整个情境中所处的地位。

在每个人身上，我们还能发现：在朝向部分目标的各种部分动作之后，还有一个可包含一切的单一动作。我们所有的努力都是为要达到一种能使我们获得安全感的地位，这种感觉是：生活中各种困难都已经被克服，而且我们在环绕着我们的整个情境中，也已经得到最后的安全和胜利。针对这一目标，所有的动作和表现都必须互相协调而结合成一整体。心灵似乎是为获得一个最后的理想目标而被强迫发展，肉体亦复如是，它也努力要成为整体。它还向一种预先存在于胚胎中的理想目标发展。例如，当皮肤擦破时，整个身体都忙着要使它再复原。然而，肉体并不只是单独地发展其潜能，在其发展过程中，心灵也会给予帮助。运动、训练及一般卫生学的价值都已经被证实，这些都是肉体努力争取其最后目标时，心灵所提供的助益。

从生命第一天开始至其结束为止，其生长和发展的这种协力合作都一直继续不断。肉体和心灵像是不可分离的两部分，彼此互助合作。心灵犹如一辆汽车，它利用它在肉体中能够发现的所有潜能，把肉体带入一种应对各种困难都是安全而优越的地位。在肉体的每种活动中，在每种表情和病征中，我们都能看到心灵目标的铭记。人在他的活动中即有意义存在。他动他的眼、他的舌、他脸部的肌肉，使得他的脸有一种表情、一种意义，而在此给予意义的，则为心灵。现在我们可以开始看心理学（或心灵的科学）真正是在研究些什么了。心理学的领域是，探讨个人各种表情中的意义，找寻了解其目标的方法，并以之和别人的目标互相比较。

在争取安全的最后目标时，心灵必须使其目标变得具体化，他要时时计算："安全位于某一特定之点，我一定要走某一特定方向，才能接近它。"此时当然有发生错误的可能性，但是没有十分固定的目标和方向则根本不能有动作。当我抬头时，我心中必然已有此种动作的目标存在。心灵所选择的方向，事实上可能是有害的，但它之所以被选中，则是因为心灵误以为它是最有利者。所有心理上的错误，都是选择动作方向时的错误。安全的目标是全体人类所共有的，但是有些人认错了安全所在的方向，而其固执的动作，则将他们带向堕落之途。

如果我们看到一种表现或病征，而无法认出它背后的意义时，要了解它的最好方法，就是先将它依外形分析成简单的动作。让我们以偷窃的表现为例。偷窃就是把别人的所有物据为己有。首先，我们看这种动作的目标，它的目标是使自己富有，并以拥有较多的东西，而让自己觉得较为安全。因此，这种动作的出发点是一种贫穷或匮乏之感。其次要找出：这个人是处于何种环境中，以及他在什么情况下才觉得匮乏。最后，我们要看：他是否采取正当方式来改变这些环境，并克服其匮乏之感；他的动作是否都遵循着正确的方向；或他是否曾经错用了获取所欲之物的方法。我们不必批评他的最后目标，但是我们却能指出：他在实现其目标时选择了错误的途径。

人类对其环境所作的改变，我们称之为文化，我们的文化就是人类心灵激发其肉体所做的各种动作的结果。我们的工作被我们的心灵所启发。我们身体的发展则受着我们心灵的指导和帮助。总而言之，人类的表现到处都充满了心灵的效用。然而，过度强调心灵的分量，却绝非我们的初衷。如果要克服困难，身体的合宜是绝对必需的。由此可见，心灵参加控制环境的工作，以使肉体受到保护，而免于虚弱、疾病和死亡，并避开灾害、意外及功能的损伤。

我们感受快乐与痛苦、创造出各种幻想以及认出环境之优劣等等能力，也都有助于这个目标的达成。幻想和识别是预见未来的方法。不仅如此，它们还能激起许多感觉，使身体随之而行动。个人的感情附有其赋予生活的意义以及为奋斗所定下目标的记号。个人的感情控制肉体的程度虽然相当大，可是它们却不受制于肉体，它们主要是由个人的目标和他的生活方式决定的。

II. 情感的作用

显而易见的，支配个人的，并不单单是生活方式而已。如果没有其他力量，它的态度并不足以造成病征。生活方式必须被感情加强后，才能引起行为。个体心理学概念中的新观点就是我们观察到：感情绝对不会和生活方式互相对立，目标一旦订下，感情就会为了要获得它而适应自身。此时，我们谈的已经不在生理学或生物学的领域之内了；感情的发生不能用化学理论来解释，也不能用化学检验来加以预测。在个体心理学中，我们先假设生理过程的存在，但我们更感兴趣的，却是心理的目标。我们并不十分关心焦虑对交感神经或副交感神经的影响，我们要研究的是焦虑的目的和结果。

依照这种研究方向，焦虑不能被当作是性的压抑所引起的，也不能被认为是出生时难产所留下的结果。这些解释都太离谱了。我们知道，习惯于被母亲陪伴、帮助、保护的孩子，很可能会发现：焦虑——不管其来源为何——是控制他母亲的有效武器。我们也不以只描述愤怒时的生理状况为满足，我们的经验告诉我们：愤怒是控制一个人或一种情境的工具之一。我们承认：每一种身体或心灵的表现都是以天生的材料为基础，但是，我们的注意力却在于如何应用这些材料，以获取既定的目标。这就是心理学研究的唯一真正对象。

在每个人身上，我们都可以看到：感情是依照他获取其目标所必要的方向和程度而成长、发展的。他的焦虑或勇气、悲哀或愉悦，都必须和他的生活方式协同一致，它们适当的强度和表现，都能恰恰合乎个人的期望。用悲哀来达成其优越感目标的人，并不会因为其目标的达成而感到快活或满足。他只有在不幸的时候，才会快乐。只要稍加注意，我们还可发觉，感情是可以随需要而呼之即来或挥之即去的。一个对人群患有恐惧症的人，当他留在家里或指使另一个人时，他的焦虑感即会消失掉。所有精神病患者都会避开生活中不能使他们感到自己是征服者的部分。

情绪的格调也像生活方式一样的固定。比方说，懦夫永远是懦夫，虽然他在和比他柔弱的人相处时，可能显得傲慢自大，而在别人的护翼下时，也会表现得勇猛万分。他可能在门上加三把锁，用防盗器和警犬来保护自己，而坚称自己勇敢异常。没有人能证实他的焦虑感，可是他性格中的懦弱部分，却在他不厌其烦地自我保护中表露无遗。

性和爱情的领域也能提供类似的证据。当一个人想接近他的性目标时，属于性的感情必然会出现。为了要集中心意，他必须放开有竞争性的工作和不相干的兴趣，如此，他才能引起适当的感情和功能。缺少这些感情和功能——例如：阳痿、早泄、性欲倒错和性冷淡症——都是拒绝放弃不合宜的工作和兴趣所造成的。不正确的优越感目标和错误的生活方式都是导致这类异常的因素。在这类病例中，我们常发现：患者有只期望别人体贴他，自己却不体贴别人；缺乏社会兴趣；在积极进取的活动中失败等倾向。

我的一个病人，一个在家中排行第二的男人，因为无法摆脱犯罪感而觉得痛苦万分。他的父亲和哥哥都非常重视诚实这种品质。这孩子 7 岁时，有一次他在学校里告诉老师：他的作业是他自己做的。事实上，那是他的哥哥代他做的。以后，这孩子隐瞒其犯罪感达 3 年之久。最后，他跑去找他的老师，供认了他可怕的谎言，但老师只是一笑置之。接着，他又哭着去见他的父亲，第二次认错。这次，他更成功了，父亲深以他的可爱与诚实为荣，不但夸奖他，还安慰他。尽管父亲原谅了他，这孩子仍然非常沮丧。我们无法不下这种结论：这孩子以这样琐碎的小事，如此严厉地责备自己，是为了要证明他的诚实和严正。他家庭中高尚的道德风气，使他有在诚实方面超越别人的冲动。在学校功课和社会吸引力方面，他都自觉不如他哥哥，因此，他便想要用他自己的方式来获取优越感。

在以后的生活中，他更因其他各种的自责而感到痛苦。他经常手淫，而且在功课中也没有完全戒掉欺骗行为。当他面临考试时，他的犯罪感总会逐渐增加。由于他过分敏感的良心，他的负担远比他的哥哥重，因此，当他想和哥哥并驾齐驱而又无法做到时，他便以此为脱身的借口。离开大学后，他计划要找份技术性的工作，但是他强迫性的犯罪感却变得尖刻异常，使得他整天都要祈求上帝原谅，结果他根本就找不到可以工作的时间。

后来，他的情况坏得使他被送到精神病收容所。在此，他被认为是无药可救的。可是，过了一段时间后，他的病况却大有起色。在离开收容所前，院方却要他答应：万一旧病复发，必须再回来住院。以后，他即改行攻读艺术史。有一次，在考期将至的一个星期日，他跑到教堂去，五体投地拜倒在众人面前，大声哭喊道："我是人类中最大的罪人！"就是这样地，他又再次成功地引起别人注意到他高尚的良心。

在收容所又度过一段时间后，他回到了家里。有一天，他竟赤裸裸地走进餐厅去吃午饭！他是个身体健美的人，这一点，他是可以和他的哥哥或其他男人一较长短的。

他的犯罪感是使他显得比其他人更诚实的方法，而他也朝此方向挣扎着要获取优越感。然而，他的挣扎却走上了生活中的旁门左道。他对考试和工作的逃避，给了他一种懦弱的标志和高涨的无所适从之感。他的各种病征都是有意地避开每一种能使他觉得被击败的活动。显然，他在教堂中的伏拜认罪和他感情冲动地进入餐厅，也同样都是用拙劣的方法来争取优越感。他生活的方式要求他做出这些行为，而他引发的感情也是完全合宜的。

III. 身形、性格与心智

我们说过，在生命最初的四、五年之间，个人正忙着构造他心灵的整体性，并在他的心灵和肉体间建立起关系。他利用了由遗传得来的基因和从环境中获得的印象，并将它们修正，以配合他对优越感的追求。在第五年末，他的人格已经成型。他赋予生活的意义、他追求的目标、他趋近目标的方式、他的情绪倾向等等，也都已经固定。以后它们虽然也可能改变，但在改变它们之前，他必须先从儿童期人格固定成型时所犯的错误中解脱出来。正如他以前所有的表现都和他对生活的解释互相配合一样，现在他的新表现也会和他的新解释密合无间。

个人是以他的感官来接触环境，并由其中获取印象的。因此，我们可以从他训练自己身体的方式看出：他准备由环境中获取哪一种印象以及他将如何运用其经验。如果我们留心他观察和谛听的方式以及能吸引他注意力的事物，我们便会对他有充分的了解。这就是举动之所以重要的原因。一个人的举动可以显示出：他身体器官所受过的训练和他如何运用它们以选择他要接受的印象。举动是永远受制于意义的。

现在我们可以在我们的心理学定义上，再添加一点东西。心理学研究的是，个人对他身体印象的态度。我们还可以开始讨论：人类心灵之间的巨大差异是如何造成的。不能配合环境而且也无法满足环境要求的肉体，通常都会被心灵当作是一种负担。因此，身体器官有缺陷的儿童在心灵的发展上比其他人遭遇了更多的阻碍，他们的心灵也较难影响、指使并命令他们的肉体趋向优越的地位。他们需要用较多的心力并且必须比别人更集中心意，才能达成相同的目标。所以，心灵会变得负荷过重，而他们也会变得以自我为中心。如果儿童老是受着器官缺陷和行动困难的困扰，他们便没有多余的注意力去留心外界的事物。他根本找不到对别人发生兴趣的闲情逸致，结果他的社会感觉和合作能力便比其他人差很多。

器官的缺陷造成了许多阻碍，但是这些阻碍却绝不是无法摆脱的命运。如果心灵主动地运用其能力以设法克服其困难，则个人可能就会和原先负担比较轻的人一样的成功。事实上，器官有缺陷的儿童，尽管遭受到许多困扰，他们却经常比身体正常的人有更大的成就。身体障碍是一种能使人向前迈进的刺激。例如，视力不良的儿童可能因为他的缺陷而感到异常的压力。他要花费较多的精神才能看清东西。他对视觉的世界必须给予较多的注意力。他也必须更努力地区分色彩和形状。结果，他对视觉的世界却比不需努力注意微小差异的儿童有更多的经验。由此可见，只要心灵找出了克服困难的正确方法，有缺陷的器官即能成为重大利益的来源。有许多画家和诗人都曾蒙受视力缺陷的困扰。这些缺陷被训练有素的心灵驾驭之后，它们的主人即比正常人更能运用他们的眼睛来达成多种目的。在天生惯用左手而又未被当作是左撇子看待的儿童之中，也很容易看到同样种类的补偿。在家庭里，或在其学校生活开始之际，他们会被训练运用他们不灵巧的右手。事实上，他们的右手是不十分适合于书写、绘画或做手工艺的。但是，假使心灵能被妥善运用以克服此种困难，我们相信，不灵巧的右手必定会发展出高度的技巧，事实也是如此。许多惯用左手的儿童都比正常人更快学会较漂亮的书法，较有绘画的才能，在工艺方面也较有技巧。找寻出正确的方法后，再加上兴趣、训练和练习，他们即能够将劣势转变成优势。

只有决心要对团体有所贡献而兴趣又不集中于自己身上的儿童，才能成功地学会补偿其缺憾之道。只想避开困难的儿童，必将继续落于他人之后。只有在他们眼前有一个可供努力的目标，而此目标的达成又比挡在前面的障碍对他们更为重要，他们才会鼓起勇气继续前进。这是他们的兴趣和注意力指向何处的问题。如果他们努力地争取某种身外之物，他们自然会训练自己，使自己具有获得它们的能力。困难只是通向成功之路必须克服的关卡。反过来说，假使他们的兴趣只在于担心他们的不如别人之处，或除了想摆脱它们外便无其他目标，那么他们就不会真正的有所进步。一只笨拙的右手是无法用凭空妄想，希望它们较不笨拙甚至避开笨拙等方法来训练使其变得灵巧的。它们只有在练习出实际的成就之后，才会变得较为灵巧。而达到此种成就的诱因，也必须比长期存在的笨拙所造成的气馁，更深刻地被人感觉到。如果一个孩子想要集中全力来克服他的困难，则在他身外必须有一个他要全力以赴的目标，这个目标是以他对现实的兴趣、对别人的兴趣，以及对合作的兴趣为基础的。

我对患有肾管缺陷家族的研究，可以作为遗传性缺陷被利用的好例子。这种家庭中的孩子经常患有夜尿症。器官的缺陷是真实的，它可以从肾脏、膀胱或脊椎裂（spina bifida）的存在中看出来。而腰椎附近皮肤上的青痕或胎记，也能使人看出这个部位可能有此类缺陷。但是，器官的缺陷却不足以造成夜尿症。这种孩子并不是在他器官的压迫之下，才患上夜尿症，他是以自己的方式在利用着它们。例如，有些孩子在晚上会尿床，可是在白天却不会溺湿自己。有时，当环境或父母态度改变时，这种习惯也会突然消失。假如儿童不再利用器官上的缺陷作为达成某一目的的手段时，那么除了心智低能的儿童之外，夜尿症都是可以被克服的。

但是，患有夜尿症的儿童所受到的待遇，大都不会使他想克服它，反倒会想继续保留它。经验丰富的母亲能给他正确的训练，但假使母亲经验不足，这种不必要的毛病却会持续下去。在患有肾脏病或膀胱疾患的家庭中，和排尿有关的每件事情大多会被过分强调，因此，母亲很可能错误地用尽各种方法想消除他的夜尿症。如果孩子注意到这一点是多么受人重视，他就可能不愿治愈自己的疾病。它供给他一个非常好的机会，来表明他对这种教育的反对。假如孩子想反抗父母给他的待遇，他必然会找出他自己的方法，来攻击他们最大的弱点。德国有一位著名的社会学家发现：在罪犯中，有相当惊人的比例是出自那些父母的职业是压制犯罪的家庭，如法官、警察、狱吏等。而教师的子女也常常特别顽劣难教化。在我自己的经验中，我也常发现这些都是真的。我还发现：在医生的子女中精神病患者的数目，和传教士子女中不良少年的数目，都相当惊人。同样地，当父母过分重视排尿时，儿童就有一条很明显的途径以表明他们有自己的意志。

夜尿症还给了我们一个很好的例子，来说明：我们如何利用梦，以引起适当的情绪来配合我们想做的行为。尿床的孩子常常会梦见他们已经起床并且走到了厕所。他们用这种方式原谅自己后，便理所当然地溺在床上。夜尿症所要达到的目的通常是，吸引别人的注意，使别人听从他，要别人在晚上也像白天一样的注意他。有时，这种习惯是一种敌意的表示，它是反抗别人的方法之一。不管是哪一个角度，我们都可看出，夜尿症实在是一种创造性的表现，这种孩子不用他们的嘴巴而用他们的膀胱说话。器官的缺陷给了他一种表明自己态度的方法。

用这种方法表现自己的孩子都处于一种紧张状态之下。通常，他们多是属于被宠惯后又丧失唯我独尊地位的一群。也许是由于另一个孩子的出生，他们发现，他们难以再得到母亲的全部关怀。此时，夜尿症即代表了一种想向母亲更紧密接近的动作，虽然它是种令人不快的方法，它却有效地说："我还没长得像你想象的那么大，我还要被照顾呢！"在不同环境下，或在不同的器官缺陷下，他们便会采用其他的方法。他们也许会利用声音来建立和别人的联系，在这种情况下，他们一到晚上便会哭闹不安。有些孩子还会梦游、做噩梦、跌下床或口渴吵着要喝水。然而，这些表现的心理背景都是类似的。病征的选择，一部分取决于身体的情况，一部分则视环境的变化而定。

这些例子都很清楚地显示出心灵对肉体的影响。事实上，心灵不仅能影响某种特殊病征的选择，它还能支配整个身体的结构。对这个假设我们还没有直接的证明，而且要找出怎样做才能建立这种证明，也是相当困难的。然而，它的证据看来却似乎相当明显。如果一个孩子是胆小的，他的胆小便会表现在他的整个成长过程中。他不关心体格上的成就，甚至不敢想象自己也能达到此种成就。结果，他便不会用有效的方法来锻炼他的肌肉，而且也拒绝接受通常会引人想发展肌肉的所有外来刺激。当其他对锻炼自己肌肉有兴趣的孩子在体格健美方面遥遥领先时，他却由于兴趣的缺乏而远落于他人之后。

通过这些讨论，我们可顺理成章地总结出：身体的整个形状和发展不仅受心灵的影响，而且可反映出心灵的缺陷。我们经常可以观察到：有许多肉体的表现只是心灵无法找出补偿其困难的正确方法所造成的结果而已。例如，我们已经确知，在生命开始的最初四、五年间，内分泌腺本身也会受到心灵的影响。有缺陷的腺体对行为并不会有强迫性的影响，反之，整个外在环境、儿童想接受印象的方向以及心灵在他感兴趣情境中的创造性活动等等，却能不断地影响腺体。

另外一个证据可能较容易被了解并被接受，因为我们对它较为熟悉，而且它引起的是身体短暂的表现，不是固定的特质。每一种情绪都会以某种形式表现在身体上，而每个人也都会将他的情绪表现在某种可见的形式中，这也许是他的姿势或态度，也许是他脸部的表情，也许是他腿或膝盖的颤抖。例如，当他脸色变红或转白时，他的血液循环必然已经受到影响。在愤怒、焦急或忧愁的状态之下，肉体都会说话。而肉体在说话时，都是使用自己的语言。当一个人处于他所害怕的情境中时，他可能全身发抖，另一个人可能毛发竖立，第三个人可能心跳加快，还有些人会冷汗直流、呼吸困难、声音变哑、全身摇晃而畏缩不前。有时，身体的健康状态也会受到影响，例如胃口丧失或引起呕吐。对某些人，这种情绪主要会干扰到膀胱的功能，对另一些人，则是性器官。有些儿童在接受考试时，会觉得性器官受到刺激，而罪犯在犯了罪之后，常常会去找妓女或找他们的女友，这也是众所皆知之事。在科学的领域中，我们看到许多心理学家宣称：性和焦虑有密不可分的关联，而另外一些心理学家却主张：它们一点关系也没有。他们的观点是依他们个人的经验而定的，对某些人它们之间有关联，对其他人则没有。

这几种不同的反应都属于不同类型的个人。它们很可能被发现多多少少是由遗传得来的，而这些不同的身体表现也经常能给我们许多暗示，让我们看出其家族的弱点和特质，因为同一家族的其他成员也可能做出非常类似的身体反应。然而，此处最有趣的事是：观察心灵如何利用情绪来激起某种身体状态。情绪和它在身体上的表现告诉我们，心灵在一个被它解释为有利或有害的情境之中，如何做出动作和反应。例如，当一个人发脾气时，他找到的最好方法似乎就是：打击、辱骂或诋毁另一个人。另一方面，愤怒也能影响身体器官，它使之僵止不动，或施予额外的压力。有些人在生气时，胃部会出毛病，脸孔也会涨得通红。他们的血液循环改变的程度甚至会使他感到头痛。在偏头痛或习惯性头痛的后面，我们常会发现有异乎寻常的愤怒或羞辱。对某些人来说，愤怒还能造成三叉神经痛或癫痫性的痉挛。

心灵影响肉体的方法，尚未完全被探讨清楚，所以我们也无法对它做完全的描述。心情的紧张对自主神经系统和非自主神经系统二者都能发生影响。只要一紧张，自主神经系统一定会有所动作。有些人可能会拍桌子、咬嘴唇或撕纸片，只要他紧张，他必然会以某种方式做出动作。咬铅笔或吸香烟也能作为发泄紧张的方式。这些动作都告诉我们：他对自己所面临的情境，已经觉得受不了了。他在陌生人之间变得脸红耳赤、手足无措、肌肉颤抖，一样都是紧张的结果。紧张能经由自主神经而传至全身，因此，这种情绪发生时，人的整个身体都会处于紧张状态之下。可是，这种紧张的表现并不是在每一点都一样的清楚，我们所讨论的病征，只在于其结果能够被发现之点。如果我们更仔细地检查，我们将会发现：身体的每一部分都包含于情绪的表现之中，而这些身体的表现又都是心灵和肉体活动的结果。我们必须检视心灵对肉体、和肉体对心灵之间的相互活动，因为它们二者都是我们所关心的整体的一部分。

我们可以从这些证据中得到一个结论：生活的方式和其对应的情绪倾向，会不停地对身体发展施加影响。假使儿童很早就固定下他的生活方式，而我们本身又有足够经验，那么我们便能预见他以后生活中的身体表现。勇敢的人会把他的态度表现于他的体格中，他的身体会长得与众不同，他的肌肉较为强壮，他的身体的姿势也较为坚定。生活方式及其对应的情绪倾向对身体的发展可能有相当大的影响，而它可能是肌肉较为健美的部分原因。勇敢者的脸部表情也和普通人不一样，结果他的整个外形都会异于常人，甚至他骨骼的构造也会受到影响。

如今，我们很难否认：心灵也能够影响大脑。病理学的许多个案显示：由于大脑右半球受损而丧失阅读或书写能力的人，能够训练大脑的其他部分来恢复这些能力。有些中风患者，其大脑受损的部分已经完全没有复原的可能性，可是大脑的其他部分却能补偿并承受起整个器官的功能，而使大脑的官能完全恢复。当我们想证实个体心理学所主张的教育应用的可能性时，这个事实是特别重要的。如果心灵能够对大脑施加这样的影响，如果大脑只不过是心灵的工具——虽然是最重要的工具，但仍然只是工具而已——那么我们就能找出发展或增进此种工具的方法。大脑生来便不合于某种标准的人，并不必在一生之中都无可逃避地受其拘束，他可以找出使大脑更适合于生活的方法。

将目标固定于错误方向的心灵——例如，未努力发展合作能力者——对大脑的成长即无法施加有益的影响。因此，我们发现，有许多缺乏合作能力的儿童，在以后的生活中，总显得好像没有发展出他们的智力和理解能力。因为成人的举止能显示出：他最初四、五年间所建立的生活方式对他的影响，而且我们也能清楚地看出他的统觉表和他赋予生活意义的结果，所以，我们能够发现他所遭受到的合作障碍，并帮助他矫正其失败。在个体心理学中，我们已经朝这门科学踏出了第一步。

有许多学者曾指出：在心灵和肉体的表现之间，有一种固定的关系存在。但是，他们却似乎没有哪一个人曾经试图找出二者之间的确实关系。例如，克雷奇默（Kretschmer）[①] 曾告诉我们：如何从身体的结构中，看出一个人是和哪一类型的心灵互相对应，如此，我们就能把大部分的人类区分成许多类型。比方说，圆脸、短鼻、而有肥胖倾向，如恺撒大帝所说的：

"我愿四周都围绕着肥胖的人，
有圆溜溜肩膀的人，能通宵熟眠的人。"[②]

克雷奇默认为这样的体格和某些心理特征有关，但他却没有说明其间为什么会有关联。依据我们的经验，具有这种体格的人似乎都不会有器官上的缺陷，他们的身体非常适合于我们的文化。在体格上，他们觉得能和别人一较长短。他们对自己的强壮有充分的信心。他们不紧张，如果他们希望和别人竞争，他们也会觉得能够全力以赴。然而，他们却觉得没有把别人当作敌人看待的必要，也不需要把生活当作是充满敌意般地挣扎。心理学中有一

①恩斯特·克雷奇默（1888-1964）：德国精神病学家和心理学家。——编者注
②《恺撒大帝》，第一场，第二景。

派把他们称为“外向者”，但却没有说明为什么如此称呼他们。我们认为他们是外向者，则是因为他们未曾因其身体而感到任何困扰。

克雷奇默区分出的另一个相反类型是神经质的人。他们有些很瘦小，通常为高高瘦瘦，有长鼻子、蛋形脸。他相信这种人保守而善于自省，如果他们得心理疾病，他们患的大多是精神分裂症。他们是恺撒大帝所说的另一类型：

“卡修士有枯瘦而饥饿的外形，
他的计谋太多；这样的人很危险。”①

这种人很可能蒙受器官缺陷之苦，而变得较自私、较悲观、较内向。他们要求的帮助也许比别人多，当他们觉得：别人对他关心不够时，他们会变得怨恨而多疑。不过，克雷奇默也承认我们能发现许多混合的类型，即使是肥胖型的人也可能产生属于瘦长型的心理特征。我们不难了解：假使他们的环境以另一种方式加给他们许多负担，他们也会变得胆小而沮丧。通过有计划的打击，我们可能把任何一个小孩变成举止像神经质的人。

如果我们有丰富的经验，我们便能从个人的各种表现中，看出其与人合作的程度。人们一直都在找寻此种暗号。合作的需要总是不断地压迫着我们，而我们也一直要凭直觉找出许多暗示，来指导我们如何在混乱的生活中更稳妥地决定自己的方向。我们知道：在每次历史大变革之前，人类的心灵都已认识到变革的需

① 《恺撒大帝》，第一场，第二景。

要，而努力奋斗着想要促成变革。然而，这种奋斗如果单靠本能来决定，便很容易犯错误。同样地，人们总是不喜欢有非常引人注意特质的人，例如身体畸形成驼背者。人们对他们虽然还不太了解，却已经判断他们不适于合作。这是一种很大的错误，不过，他们的判断也可能是以其经验为基础的。目前尚未发现有什么方法可以增加蒙受这些特质之害者的合作程度，他们的缺点因此而被过分强调，而他们也变成大众迷信的牺牲品。

现在，让我们作一总结。在生命最初的四、五年间，儿童会形成其心灵奋斗的方向，而在心灵和肉体之间，建立起最根本的关系。他会采用一种固定的生活方式及与之对应的情绪和行为习惯。它的发展包括了或多或少、程度不同的合作。从其合作的程度，我们能判断并了解一个人。在所有的失败者之间，最常见的共同点是其合作能力非常之低。现在，我们可以给心理学一个更进一步的定义：它是对合作之缺陷的了解。由于心灵是一个整体，而同样的生活方式又会贯穿其所有表现，因此，个人的情绪和思想必定会全部和生活方式协调一致。如果我们看到某种情绪很明显地引起了困难，而且违反了个人的利益，只想改变这种情绪是完全没有用的。它是个人生活方式的正当表现，只有改变其生活方式，才能将之斩草除根。

在此，个体心理学对教育和治疗的未来，提供了一种特殊的指引。我们绝不能只治疗一种病征或一种单独的表现。我们必须在整个生活的方式中，在心灵解释其经验的方式中，在它赋予生活的意义中，在它为回应由身体和环境接受到的印象而做的动作中，找出其错误所在。这才是心理学真正该做的工作。至于拿针刺小孩来看他跳得多高，或对他搔痒来看他笑得多响，这些实在不宜称之为心理学。这种做法在现代心理学界是非常普遍的，虽然它们事实上也能告诉我们和个人心理有关的某些东西，不过这也只限于提供足以证明固定而特殊生活方式存在的证据而已。生活的方式是心理学最适当的主要题材和研究对象，采用其他题材的学派，其主要部分事实上都是充满了生理学和生物学的内容。对那些研究刺激和反应的人，企图找出震惊经验所造成的效果的人，以及研究由遗传得来的能力是如何发展出来的人，这种说法都是正确的。然而，在个体心理学中，我们考虑的是灵魂本身，是统一的心灵。我们研究的是个人赋予世界和他们自身的意义，他们的目标，他们努力的方向，以及他们对生活问题的处理方式。迄至目前，我们所拥有的、了解心理差异的最好方法，就是检视其合作能力的高低。

三

自卑感和优越感

I. 自卑情结

个体心理学的重大发现之一——“自卑情结”——似乎已经驰名于世了。许多学派的心理学家都采用了这个名词，并且依他们自己的方式付诸实用。然而，我却不敢断定：他们是否确实了解或准确无误地应用这个名词。例如：告诉病人他正蒙受着自卑情结之害是没有什么用的，这样做只会加深他的自卑感，而不能让他知道如何克服它们。我们必须找出他在生活方式中表现出的特殊气馁感，我们必须在他缺少勇气之时鼓励他。每一个精神病患者都有自卑情结。想要以自卑情绪的有无来将某一个精神病患者和其他病患分开，是绝对做不到的。如果将他分开，我们只能使他觉得无法继续保持其有用生活面的情境种类。如果我们只告诉他："你正遭受着自卑情结之害。"这样根本无法帮助他增加勇气，因为这就等于告诉一个患头痛症的人："我能说出你有什么毛病。你患有头痛症！"

有许多精神病患者如果被问到他们是否觉得自卑时，他们会摇头说："不。"有些甚至会说："正好完全相反。我很清楚我比我周围的人都高出一筹！"所以，我们不必问，我们只需注意的个人行为。在他的行为里，我们可以看出他是采用什么诡计，来向他自己显示他的重要性。例如，假使我们看到一个傲慢自大的人，我们能猜测他的感觉是："别人老是瞧不起我，我必须表现一下，让他们知道我是何等人物！"假如我们看到一个在说话时用手势、表情过多的人，我们也能猜出他的感觉："如果我不加以强调的话，我说的东西就显得太没有分量了！"在举止间处处故意要凌驾他人之上的人，我们不得不怀疑，在他背后是否有需要他做出特殊努力才能消除的自卑感存在。这就像是怕自己个子太矮的人，总要踮起脚尖走路，以使自己显得高一点一样。两个小孩子在比身高的时候，我们常常可以看到这种行为。怕自己个子太矮的人，会挺直身子并紧张地保持这种姿势，以使自己看起来比实际高度要高一点。如果我们问他："你是否觉得自己太矮小了？"我们却很难期望他会承认这个事实。

然而，这并不是说：有强烈自卑感的人一定是个显得柔顺、安静、拘束而与世无争的人。自卑感表现的方式有千万种，也许我能够用三个孩子初次被带到动物园的故事来说明这一点。当他们站在狮子笼前面时，一个孩子躲在他母亲的背后，全身发抖地说道："我要回家。"第二个孩子站在原地，脸色苍白地用颤抖的声音说道："我一点都不怕。"第三个孩子目不转睛地盯着狮子，并问他的妈妈：“我能不能向它吐口水？”事实上，这三个孩子都已经感到自己所处的劣势，但是每个人却都依照他的生活方式，用自己的方法表达出他的感觉。

我们每个人都有不同程度的自卑感，因为我们都发现我们自己所处的地位是我们希望加以改进的。如果我们一直保持着我们的勇气，我们便能以直接、实际而完美的唯一方法——改进环境——来使我们脱离这种感觉。没有人能长期地忍受自卑之感，它一定会使他采取某种行动来解除自己的紧张状态。假使一个人已经气馁了，假使他不再认为：脚踏实地的努力能够改进他的情境，他仍然无法忍受他的自卑感，他仍然会努力设法要摆脱它们，只是他所采用的方法却不能使他有所裨益。他的目标仍然是“凌驾于困难之上”，可是他却不再设法克服障碍，反倒用一种优越感来自我陶醉或麻木自己。同时，他的自卑感会愈积愈多，因为造成自卑的情境仍然一成未变，问题也依旧存在。他所采取的每一步都会逐渐将他导入自欺之中，而他的各种问题也会以日渐增大的压力逼迫着他。如果我们只看他的动作，而不设法予以了解，我们会以为他是漫无目标的。他给我们的印象里，并没有要改进其环境的计划。我们所看到的是：他虽然像其他人一样地全心全力要使自己觉得顺当，可是却放弃了改变客观环境的希望，他所有的举动都带有此种色彩。如果他觉得软弱，他会跑到能使他觉得强壮的环境里去。他不是把自己锻炼得更强壮、更有适应能力，而是训练自己，使自己在自己的眼中显得更强壮。他欺骗自己的努力只能获得部分的成功。如果他觉得无法应付这类盘旋不去的问题，他可能会变成独裁的暴君，以重新肯定自己的重要性。他可能用这种方式来麻醉自己，但是他的自卑感仍然原封未动。它们依旧是旧有情境所引起的旧有自卑感，它们会变成精神生活中长久潜伏的暗流。在这种情况下，我们便能称之为“自卑情结”。

现在，我们应该给自卑情结下一个定义。当个人面对一个他无法适当应付的问题时，他表示他绝对无法解决这个问题，此时出现的便是自卑情结。由这个定义，我们可以看出：愤怒、眼泪和道歉一样，都可能是自卑情结的表现。由于自卑感总是会造成紧张，所以争取优越感的补偿动作必然会同时出现，但是其目的却不在于解决问题。争取优越感的动作总是朝向生活中无用的一面，真正的问题却被遮掩起来或避开不谈。个人限制了他的活动范围，苦心孤诣地要避免失败，而不是追求成功。他在困难面前会表现出犹疑、彷徨，或甚至是退却的举动。

这种态度可以在对公共场所怀有恐惧症的个案中很清楚地看出来。这种病征表现出一种信念：“我不能走得太远。我必须留在熟悉的环境里。生活中充满了危险，我必须避免面对它们。”当这种态度被坚决地执行时，个人会把自己关在房间里或待在床上不肯下来。在面临困难时，最彻底的退缩表现就是自杀。此时，个人在所有的生活问题面前，都已经放弃寻求解决之道，而表现出来他的信念，认为：他对改善自己的情境，已经完全无能为力了。当我们能懂得自杀必定是一种责备或报复时，我们便能了解在自杀中对优越感的争取。在每个自杀案件中，我们总会发现：死者一定会把他死亡的责任归咎于某一个人。仿佛自杀者在说：“我是所有人类中最温柔、最仁慈的人，而你却这么残忍地对待我！”

每一个精神病患者多多少少都会限制住他的活动范围，以避免跟整个情境的接触。他想要和生活中必须面临的三个现实问题保持距离，并将自己局限于他觉得能够主宰的环境之中。他用这方式为自己筑起了一座窄小的城堡，关上门窗并远隔清风、阳光和新鲜空气。至于他是用怒吼、呵斥或是用低声下气来统治他的领域，则视他的经验而定：他会在他试过的各种方法里，选出最好而且能够最有效地达到目标的一种。有时候，他如果对某一种方法觉得不满意，他也会试用另一种。然而，不管他用的是什么方法，他的目标却是一样的——获取优越感，而不是努力改进其情境。发现眼泪是驾驭别人最佳武器的孩子，会变成爱哭的娃娃，而爱哭的娃娃又很容易变成患有忧郁症的成人。眼泪和抱怨——这些方法我称之为“水性的力量”（water power）——是破坏合作并将他人贬为奴仆的有效武器。这种人和过度害羞、忸怩作态及有犯罪感的人一样，我们可以在其举止上看出自卑情结；他们已经默认了他们的软弱和他们在照顾自己时的无能。他们隐藏起来而不为人所见的，则是超越一切、好高骛远的目标和不惜任何代价以凌驾别人的决心。相反的，一个喜好夸口的孩子，在初见之下，即会表现出其优越情结。可是如果我们观察他的行为而不管他的话语，那么我们很快便能发现他所不承认的自卑情结。所谓“俄狄浦斯情结”（Oedipus complex）事实上只是精神病患者“窄小城堡”的一个特殊例子而已。一个人如果不敢在外界随心所欲地应付其爱情问题，他便无法成功地解决此问题。假使他把他的活动范围限制在家庭圈子中，那么他的性欲问题也必须在这范围内设法解决，这是不足为奇之事。由于他的不安全感，他从未把他的兴趣扩展至他最熟悉的少数几个人之外。他怕跟别人相处，因为他担心这时不能再依照他习惯的方式来控制局势。俄狄浦斯情结的牺牲品多是被母亲宠坏的孩子，他们所受过的教养使他们相信，他们的愿望是天生就有被实现的权利的，而他们也从不知道：他们可以凭自己的努力，在家庭的范围之外，赢取温暖和爱情。在成年期的生活里，他们仍然牵系在母亲的围裙带上。他们在爱情里寻找的，不是平等的伴侣，而是仆人；最能使他们安心依赖的仆人则是他们的母亲。在任何孩子身上，我们都可能造成俄狄浦斯情结。只要我们让他的母亲宠惯他，不准他把兴趣扩展至别人身上，并要他的父亲对他冷漠不关心。

各种精神病病征都能表现出受限制行为的影像。在口吃者的语言中，我们便能看到他犹豫、怀疑的态度。他残余的社会感觉迫使他和同伴发生交往，但是他对自己的鄙视，他对这种尝试的害怕，却和他的社会感觉互相冲突，结果他在言辞中便显得犹疑不决。在学校中总是屈居人后的儿童、在 30 多岁仍然找不到职业的人、一直把婚姻问题往后延搁的男人或女人、必须反复做出同样行为的强迫性精神病患者、对白天的工作感到十分厌烦的失眠症患者——这些人都显现出他们有自卑情结，它使他们在解决生活问题时无法获得进展。手淫、早泄、阳痿和性欲倒错，都表现出：在接近异性时，由于害怕自己行为不当，而造成犹疑不决的生活方式。如果我们问："为什么这么害怕行为不当呢？"对这个问题的唯一答案是："因为这些人把他们自己的成功目标定得太高了！"

我们已经说过：自卑感本身并不是变态的。它们是人类地位之所以增进的原因。例如，科学的兴起就是因为人类感到他们的无知和他们对预测未来的需要，它是人类在改进他们的整个情境，在对宇宙作更进一步的探知，在试图更妥善地控制自然时努力奋斗的成果。事实上，依我看来，我们人类的全部文化都是以自卑感为基础的。假使我们想象一位兴味索然的观光客来访问我们人类的星球，他必定会有如下的观感："这些人类呀，看他们各种的社会和机构，看他们为求取安全所做的各种努力，看他们建造屋顶以防雨，穿上衣服以保暖，修建街道以使交通便利——很明显，他们都觉得自己是地球上所有居民中最弱小的一群！"在某些方面，人类确实是所有动物中最弱小的。我们没有狮子和猩猩的强壮，有许多种动物比我们更适合于单独地应付生活中的困难。虽然有些动物也会用团结来补偿他们的软弱，而成群结队地过着群居生活。但是人类却比我们在世界上所能发现的任何其他动物，需要更多及更深刻的合作。人类的婴儿是非常软弱的，他们需要许多年的照顾和保护才能长大。由于每一个人都曾经是人类中最弱小和最幼稚的婴儿，由于人类缺少了合作便只有完全听凭其环境的宰割，所以我们不难了解：假使一个儿童未曾学会合作之道，他必然会走向悲观之路，并发展出牢固的自卑情结。我们也能了解：即使是对最合作的个人，生活也会不断向他提出亟待解决的问题。没有哪一个人会发现自己所处的地位已经接近能够完全控制其环境的最终目标。生命太短暂，我们的躯体也太软弱，可是生活的三个问题却不断地要求更丰硕及更完美的答案。我们不停地给出我们的答案，然而，我们却绝不会满足于自己的成就而止步不前。无论如何，奋斗总是要继续下去的，但是只有合作的人才会做出充满希望及贡献良多的奋斗，才能真正地增进我们的共同情境。

我们永远无法到达我们生命的最高目标，这个事实我想是没有人会怀疑的。如果我们想象出：一个人或人类整体，已经抵达了一个完全没有任何困难的境界，我们必能想象到：在这种环境中生活一定是非常沉闷的。每件事都能够被预料到，每桩事物都能够预先被算计出来。明日不会带来意料之外的机会，对未来，我们也没有什么可以寄望。事实上，我们生活中的乐趣主要是来自我们的缺乏肯定性。如果我们对所有的事都能肯定，如果我们知道了每件事情，那么讨论和发现便已经不复存在，科学也已经走到尽头。环绕着我们的宇宙只是值得述说一次的故事。曾经让我们想象我们未曾达到的目标，而给予我们许多愉悦的艺术和宗教，也不再有任何的意义。幸好，生活并不是这么容易就消耗尽的。人类的奋斗一直持续未断，我们也能够不停地发现新问题，并制造出合作和奉献的新机会。精神病患者在开始奋斗时，即已受到阻碍，他对问题的解决方式始终停留在很低的水准，他的困难则是相对地增大。正常的人对自己的问题会怀有逐渐改进的解决之道，他能接受新问题，也能提出新答案。因此，他有对别人作贡献的能力，他不甘落于人后而增加同伴的负担，他不需要也不要求特别的照顾。他能够依照他的社会感觉独立而勇敢地解决他的问题。

II. 追求优越

每人都有的优越感目标，是属于个人独有的。它取决于他赋予生活的意义，而这种意义又不单只是口头说说而已。它建立在他的生活方式之中，并像他自己独创的奇异曲调一样地布满于其间。然而，在他的生活方式里，他并没有把目标表现得使我们能够简捷而清晰地看出来。他表现的方式非常含糊，所以我们也只能凭他的举止来猜测。了解一种生活方式就像了解一位诗人的作品一样。诗虽然是由字组成的，但是他的意义却远较他所用的字为多。我们必须在诗的字里行间推敲它大部分的意义。个人的生活方式也是一种最丰富和最复杂的作品，因此心理学家必须学习如何在其表现中推敲，换句话说，他必须学会欣赏生活意义的艺术。

除此之外，别无他法。生活的意义是在生命开始时的四、五年间获致[1] 的。获致的方法不是经由精确的数学计算，而是在黑暗中摸索，像瞎子摸象般对整体不了解，只凭感觉捕捉一点暗示后，即做出自己的解释。优越感的目标也同样是在摸索和绘测中固定下来的。它是生活的奋斗，是动态的趋向，而不是绘于航海图上的一个静止点。没有哪一个人对他的优越感目标清楚得能够将之完整无缺地描述出来。他也许知道他的职业目标，但这只不过是他努力追求的一小部分而已。即使目标已经被具体化，抵达目标的途径也是千变万化的。例如，有一个人立志要做医师，然而，立志要成为医师也意味着许多不同的事情。他不仅希望成为科学或病理学的专家，他还要在他的活动中，表现出他对自己和对别人的特殊程度的兴趣。我们能够看出：他训练自己去帮助他的同类至何种程度，以及他限制住他的帮忙至何种程度。他把他的这种目标作为补偿其特殊自卑感的方法，而我们也必须能够从他在职业中或在其他方面的表现，猜测出他所欲补偿的自卑感。例如，我们经常发现：很多医师在儿童时期便认识了死亡的真面目，而死亡又是给予他们印象最深刻的人类不安全的一面。也许是他们的兄弟或父母死掉了，他们以后学习的发展方向，便在于为他们自己或为别人找出更安全、更能抵抗死亡的方法。另一个人也许把立志做教师当作他的具体目标，但是我们也很清楚：教

①获致，即获得、得到。——编者注

师之间的差异是非常大的。假如一个老师的社会感觉很低，他以当教师作为优越感目标的目的，可能就是想统治比他低下的人，他可能只有和比他弱小或比他缺乏经验的人相处时，才会觉得安全。有高度社会感觉的教师会以平等的态度对待他的学生，他真正是想对人类的福祉有一番贡献。在此，我们还要特别提起的是：教师之间不仅能力和兴趣的差异非常大，他们的目标对他们的外在表现也有很重要的影响。当目标被具体化之后，个人即会节省并限制其潜能，以适应他的目标。他整个目标的原型会在这些限制之下前进，不管在任何情况下，他都会找出方法来表现他赋予生活的意义和他争取优越感的最终理想。

因此，对每一个人，我们都必须看其表现。一个人可能改变使其目标具体化的方法，正如他可能改变他具体目标的表现之一——他的职业——一样。所以，我们必须找出其潜在的一致性，其人格的整体。这个整体无论是用什么方式表现，它总是固定不变的。如果我们拿一个不规则三角形，依各种不同位置来安放它，那么每个位置都会给予我们不同的三角形的印象。但是，假如我们再努力观察，我们会发现：这个三角形始终是一样的。个人的整个目标也是如此：它的内涵不会在一种表现中表露殆尽，但是我们能从它的各种表现中认出它的庐山真面目。我们绝对不可能对一个人说："如果你做了这些或那些事情，你对优越感的追求便会满足了。"对优越感的追求是极具弹性的。事实上，一个人愈健康、愈接近正常，当他的努力在某一特殊方向受到阻挠时，他愈能另外找寻新的门路。只有精神病患者才会认为他的目标的具体表现是："我必须如此，否则我便无路可走了。"

我们不打算轻率地刻画出任何对优越感的特殊追求。但是我们在所有的目标中，却发现了一种共同因素——想要成为神的努力。有时，我们会看到小孩子毫无顾忌地依此方式表现出他们自己，他们说："我希望变成上帝。"许多哲学家也有同样的理想，而教育家们也有些人希望把孩子们教育得如神一般。在古代宗教训练中，我们也可以看到同样的目标：教徒必须把自己修炼得近乎神圣。变成神圣的理想曾以较温和的方式表现在"超人"的观念之中。据说：尼采（Nietzsche）发疯之后，在写给斯特林堡（Strindberg）[①] 的一封信中，曾经署名为"被钉于十字架上的人"（The Crucified）。发狂的人经常不加掩饰地表现出他们的优越感目标：他们会宣称："我是拿破仑"，或"我是中国的皇帝"。他们希望能成为整个世界注意的中心，成为四面八方敬仰膜拜的对象，成为掌握有超自然力量的主宰，并且能预言未来，能用无线电和整个世界联络并聆听他人所有的对话。变成神圣的目标也许会以较合乎理性的方式，表现在变成无所不知而拥有宇宙间所有智慧的欲望中或在使其生命成为不朽的希望里。无论我们希望保存的是俗世的生命或是想象我们能够经过许多次轮回，而一次又一次地回到人间来，或是预见我们能够在另一个世界中永存不朽，这些想法都是以变成神圣的欲望为基础的。在宗教的训诲里，只有神才是不朽的，才能历经世世代代而永生。我不打算在这里讨论这些观念的是或非。它们是对生活的解释，它们是"意义"。而我们也各自以不同的程度采用了这种意义——成为神，或成为圣。甚至是无神论者也希望能征服神，能比神更高一筹。我们不难看出：这是一种特别强烈的优越感目标。

---

①奥古斯特·斯特林堡（1849-1912）：瑞典戏剧大师。——编者注

优越感的目标一旦被具体化后，个人便不会在生活的方式中犯错误。个人的习惯和病征，对达到其具体目标而言，都是完全正确的，它们都完美无瑕。每一个问题儿童，每一个精神病患者，每一个酗酒者、罪犯或性变态者，都采取了适当的行动，以达到他们认为是优越的地位。他们不可能抨击自己的病征，因为他们有这样的目标，就应该有这样的病征。在一个学校里有个男孩子，他是班上最懒惰的学生，有一次，老师问他："你的功课为什么老是这么糟？"他回答道："如果我是班上最懒的学生，你就会一直关心我。你从不会注意好学生的，他们在班上又不捣乱，功课又做得好，你怎会注意他们？"只要他的目标是在吸引注意和使老师烦心，他便不会改变作风。想要他放弃懒惰也是不可能的，因为他要达到他的目的，就必须这样做。这样做是完全正确的，如果他改变自己的行为，便是个笨蛋。另外有个在家里非常听话，可是却显得相当愚笨的男孩子，他在学校中总是落于人后，在家中也显得平庸无奇。他有一个大他两岁的哥哥，但是他哥哥的生活方式却和他迥然不同，既聪明又活跃，可是生性鲁莽，不断惹出麻烦。有一天，人家听到这个弟弟对他的哥哥说道："我宁可笨一点，也不愿意像你那么粗鲁！"假如我们认清他的目标是在避免麻烦，那么他的愚蠢实在是非常明智之举。由于他的愚蠢，别人对他的要求也比较少，如果他犯了过错，他也不会因此受到责备。从他的目标看来，他不是愚笨，他是装傻。

III. 设立有意义的目标

直至今日，一般的治疗都是针对病征而行。不管是在医疗上还是在教育上，个体心理学对这种态度都是完全反对的。当一个孩子的数学赶不上别人，或学校作业总是做不好时，如果我们只注意这些，想要在这些特殊表现上让他有所改进，那是完全没有用的。也许他是想使老师感到困扰，甚至是使自己被开除以逃避学校。假使我们在这一点上纠正他，他会另找新途径来达成他的目标。这恰恰是和成人的精神病相同的。例如，假设他患有偏头痛症（migraine）。这种头痛对他非常有用，当他需要它们时，它们便会适逢其时地发作。由于他的头痛，他可以免于解决许多社交问题，每当他必须会见陌生人或作新决定时，他的头痛便会发作。同时，它们还使他有借口对他的部属或妻子还有其家里人滥发脾气。我们怎么能够期望他会放弃这么有效的工具呢？从他现在的观点看来，他给予自己的痛苦只不过是一种机智的发明，它能带来各种他所希望的报偿。毫无疑问，我们可以用能够震惊他的解释来“吓走”他的这种病征，正如用电击或假装的手术偶尔能够“吓走”精神病的病征一样。也许医药治疗能使他在这一点获得解脱，并使他难以再延用他所选择的特殊病征。但是，只要他的目标保留不变，即使是放弃了这种病征，他也会再选用另一种。“治愈”了他的头痛，他会再害上失眠症或其他新病征。只要他的目标依旧未变，他就必须继续找出新毛病。有一种精神病患者能够以惊人的速度甩掉他的病征，并毫不迟疑地再选用新的一种。他们变成了精神病征的收藏家，不断地扩展他们的收藏目录。阅读心理治疗的书籍，只是向他们提供许多他们还没有机会一试的精神病困扰而已。因此，我们必须探求的是他们选用某种病征的目的，以及此种目的与一般优越感目标之间的关联。

假若我在教室里要来一座梯子，爬上它，并坐在黑板顶端。

看到我这样做的每个人很可能都会想道："阿德勒博士发疯了。"他们不知道梯子有什么用，我为什么要爬上去，或我为什么要坐在那么不雅观的位置上。但是，如果他们知道："他想要坐在黑板顶端，因为除非他身体的位置高过其他人，他便会感到自卑。他只有在能够俯视他的学生时，才感到安全。"他们便不会认为我是疯得那么厉害了。我用了一种非常明智的方法来达到我的具体目标。梯子看来是一种很合理的工具，我爬梯子的动作也是按计划而行的。我疯狂的所在，只有一点，那就是我对优越地位的解释。假使有人说服我，让我相信：我的具体目标实在选得太糟，那么我便会改变我的行为。但是，假如我的目标保留未变，而我的梯子又被拿走了，那我会用椅子再接再厉地爬上去。假使椅子也被拿走，我会用跳或运用我的肌肉来攀爬。每个精神病患者都是这个样子的：他们选用的方法都正确无误——它们都无可厚非。需要改进的，是他们的具体目标。目标一旦改变，心灵的习惯和态度也会随之改变。他不必再用他旧有的习惯和态度，适合于他的新目标的态度会取代它们的地位。

让我举一位因为受到焦虑和无法与人交友的困扰的例子。

案例一

有位30多岁的妇女来请求我的帮助，她因为在职业问题上总是无法获得进展，结果仍然要仰赖家庭供给生活所需。偶尔她也会从事些诸如打字员或秘书之类的小工作，但是由于命运不佳，她遇到的雇主总是想向她求爱，这让她感到烦恼，使她不得不离职。然而，有一次她找到一个职位，这次她的老板似乎对她毫无兴趣，结果她觉得受到轻视，又愤而辞职了。她已经接受心理治疗达数年之久——我想，大约是8年左右——但是她的治疗却一直未能使她更容易与人相处，或让她找到能够赖以谋生的职业。

当我在诊疗她时，我追踪她的生活方式至童年时期的第一年。没有学会如何了解儿童的人，是不可能了解成人的。她是家里的最小的女儿，非常美丽，而且被宠得令人难以置信。当时，她双亲的境况非常好，因此她只要说出她的希望，就一定能如愿以偿。当我听到这些时，我赞叹地说："你像公主一样地被服侍得无微不至呢！""是呀，"她回答道："那时候每个人都称我为公主呢！"我要求她说出最早的回忆时，她说："当我4岁时，我记得我有次走出屋子，看到许多孩子在玩游戏。他们动不动就跳起来，大声叫道：'巫婆来了！'我非常害怕，回家后，我问家里的老女佣，是不是真的有巫婆存在。她说：'真的，有许多巫婆、小偷和强盗，他们都会跟着你到处跑。'"从此以后，她便很怕一个人留在房子里，并且把这种害怕表现在她的整个生活方式中。她总觉得自己的力量还不足以离开家，家里的人必须支持她，并在各方面照顾她。

她的另一个早期回忆是："我有一个男钢琴老师。有一天，他想要吻我，我钢琴也不弹了，还跑去告诉我的母亲。以后，我再也不想弹钢琴了。"在此，我们看到她已经学会要和男人保持距离，而她在性方面的发展，也都遵循着避免发生爱情纠葛的目标而行。她觉得恋爱是一种软弱的象征。在这里，我必须提醒大家，有许多人在卷入爱的漩涡时，都觉得自己很软弱。在某些方面看来，他们这样想是没有错的。当我们恋爱时，我们会变得温柔，我们对另一个人的兴趣也会为我们带来许多烦恼。只有优越感目标为："我决不能软弱，我决不能让人家知道我的底细"的人，才会躲开爱情的相互依赖关系。这种人总是要远离爱情，并且也无法接受爱情。你常常可以注意到，当他们觉得有坠入情网的危险时，便会把这种情况弄糟。他们会讥笑、嘲讽并揶揄他们觉得可能使他们坠入爱情危险的人。他们用这种方式逃避软弱的感觉。

这个女孩子在考虑到爱情和婚姻时，也会感到自己的软弱。结果在她从事某种职业时，如果有男人向她求爱，她便会感到惊慌失措，除了逃避以外再也无计可施。在她仍然未学会如何应付这些问题时，她的父母相继去世，她的王朝也就垮了。她打算找些亲戚来照顾她，但是事情可没有那么如意。过不了多久，她的亲戚便对她非常厌倦，再也不愿意给予她所需要的关怀。她很生气地责备他们，并且告诉他们让她一个人孤零零地生活，是件多么危险的事。这样，她才勉强免除掉孤苦伶仃的悲剧。我相信：假使她的家族都完全不再为她烦心，她一定会发疯。达成她优越感目标的唯一方法，是强迫她的家族帮助她，让她免于应付所有的生活问题。她在她的心灵中，存有这种幻想："我不属于这个星球。我属于另一个星球，在那儿，我是公主。这个可怜的地球不了解我，也不知道我的重要性。"再往前进一步的话，她就要发疯了，可是由于她自己还有点理智，她的亲戚朋友也还肯照顾她，所以她还没有踏上这最后一步。

案例二

另外还有一个例子，可以很清楚地看出自卑情结和优越情结。有一个16岁的女孩子被送到我这儿来，她从7岁起便开始偷窃，12岁起便和男孩子在外面过夜。当她两岁时，她的双亲经过长期激烈的争吵后，终于离婚了。她被她的母亲带到外祖母家里抚养，她的外祖母对这个孩子却是非常宠爱。当她出生时，她父母间的争执正达到最高潮，因此她的母亲对她的降临并不表示欢迎。她从未喜欢过她的女儿，在她们之间，一直存在着一种紧张状态。当这个女孩子来看我时，我用友善的态度和她谈话，她告诉我："我不喜欢拿人家的东西，也不喜欢和男孩子到处游荡，我这样做，只是要让我妈妈知道：她管不了我！""你这样做，是为了要报复吗？"我问她。"我想是的。"她答道。她想要证明她比她的母亲强，但是她之所以有这个目标，则是因为她觉得自己比母亲软弱。她感到她母亲不喜欢她，所以她饱受自卑情结之苦。她认为能够肯定她优越地位的唯一途径就是到处惹是生非。儿童犯偷窃或其他不良行为，经常都是出自于报复之心。

案例三

一个 15 岁的女孩子失踪了八天。当她被找到后，被带到少年法庭。她在那里编了一个故事，说她被一个男人绑架，他把她捆绑起来后，关在一间房子里达八天之久。没有人相信她的话。医师亲切地和她谈话，要求她说出真情。她对医师不接受她的故事觉得非常恼怒，便扇了他一记耳光。当我看到她时，我问她将来想做什么事，并给她一种印象，让她觉得我只是对她的命运有兴趣，而且也能够帮助她。当我要求她说出她做过的一个梦，她笑了，并且说了这样的梦："我在一家地下酒吧里。当我出来时，我遇见了我的母亲。不久，我父亲也来了。我要求母亲把我藏起来，免得让他看到我。"她很怕她的父亲，也一直在反抗着他。他经常惩罚她，她因为怕受惩罚，只好被迫说谎。当我们听到撒谎的案件，我们就必须看当事人是否有严厉的父母。除非实情被认为富有危险性，否则谎言便毫无意义。在另一方面，我们还能看出：这个女孩子还能和她的母亲合作。后来，她告诉我：有人把她引诱到地下酒吧，她在里面过了八天。因为她怕父亲知道，所以不敢说出实情，但是同时她又希望他能知道这段经过，以使他屈居下风。她觉得一直被父亲压制着，只有在伤害他时，她才能尝到征服的滋味。

我们要怎样做才能帮助这些用错误方法来追求优越感的人呢？如果我们认清：对优越感的追求是所有人类的通性，那么这件事情便不难解决。知道了这一点，我们便能设身处地同情他们的挣扎。他们所犯的唯一错误是他们的努力都指向了生活中毫无用处的一面。在每件人类的创作之后，都隐藏有对优越感的追求，它是所有对我们文化贡献的源泉。人类的整个活动都沿着这条伟大的行动线——由下到上，由负到正，由失败到成功——向前推进。然而，真正能够应付并主宰其生活问题的人，只有那些在奋斗过程中也能表现出利人倾向的人，他们超越前进的方式使别人也能受益。如果我们依这种正确的方向来对待人，我们便会发现：要他们悔悟并不困难。人类对价值和成功的所有判断，最后总是以合作为基础的，这是人类种族最伟大的共同之处。我们对行为、理想、目标、行动和性格特征的各种要求，都是它们应该有助于人类的合作。我们绝不可能找到一个完全缺乏社会感觉的人。精神病患者和罪犯也都知道这个公开的秘密，这一点，可以从他们拼命想替他们的生活方式找出合适的理由，把责任推给别人等行动中看出来。可是，他们已经丧失了向生活中有用的一面前进的勇气。自卑情结告诉他们："在合作中获取成功没你的份。"他们已经避开了真正的生活问题，而和虚无的阴影作战，目的是向他们自己重新肯定自己的力量。

在人类的分工中，有许多可供安置不同具体目标的空间存在。我们说过，每种目标都可能含有少许的错误在里头，而我们也总能找出某些东西来吹毛求疵。对一个儿童而言，优越的地位可能在于数学知识；对另一个来说，可能在于艺术；对第三个来说，则可能是健壮的体格。消化不良的孩子可能以为他所面临的问题主要是营养问题。他的兴趣可能转向食物，因为他觉得这样做便能改变他的身体状况。结果他可能变成专业的厨师或营养学家。在各种特殊的目标里，我们都能看到和真正的补偿作用在一起的，还有对某些可能性的排拒和对某种自我限制的训练。例如，一个哲学家事实上必须时时离开社会，才能思考，才能著作。但是假使其优越感目标中包含有高度的社会责任感，那么它所犯的错误便不会太大。我们的合作需要许多不同的特点。

四

早期的记忆

I. 性格塑造的关键

个人企图达到优越地位的努力，是整个人格的关键，所以我们在个人心灵生活中的每一点，都能看到它的影像。认清这一点，在我们了解个人生活方式上有两个很大的助益。首先，我们可以任选一种行为表现来开始我们的研究。不管我们选的是哪一种，结果都殊途同归——它们都能显现出可作为人格核心的动机。其次，可供我们研究的材料会变得非常丰富。每个字、思想、感觉或姿势都能有助于加深我们的了解。在考虑某种表现时，由于过分轻率所犯的任何错误，都可以用其他千万种表现来检查或纠正。除非我们把一种表现视为是整体的一部分来加以了解，否则我们便无法对其意义作最后的决定。然而，每种表现都述说着同样的事情，每种表现都迫使我们趋向一致的答案。我们就像一群考古学家，搜寻着陶器的碎片、古代的工具、建筑物的断垣残瓦，破败的纪念碑、古本书籍的简叶，然后从这些残余物中推知业已毁灭的整个城市的生活。只是我们研究的并不是已经毁灭之物，而是人类内部结构的层面。换句话说，就是能够将其本身的意义，以连续的新表现，展示在我们眼前的活动人格。

了解一个人并不是一件简单的事。所有的心理学中，个体心理学可能是最难学习和最难应用的。我们必须全神贯注，找出其人格的整体。我们必须心存怀疑，直至其关键要点已经昭然若揭。我们必须从细微小节中搜集灵感——例如从一个人进入房间的方式，他祝贺我们时握手的方式，他微笑的样子，他走路的姿态等等。在某一点上，我们也许会陷入迷阵，但是其他部分必定会马上纠正我们或肯定我们。心理治疗本身就是一种合作的练习和合作的试验。只有我们真正对别人有兴趣，我们才能获得成功。我们必须设身处地地替他设想。他也必须尽他的力量来增加我们对他的一般了解。我们必须把他的态度和他面临的困难一并解决。即使我们觉得我们已经了解他了，我们也还不足以证明我们是对的，除非他也了解了自己。不能放之四海而皆准的真理，一定不是全部的真理，它显示出我们的了解还不够。也许是因为不知道这一点，所以其他学派才会提出个体心理治疗从不谈的“负转移和正转移”（negative and positive transference）等概念。骄纵一个放任成性的病人，可能是赢取他好感的一种简单方法，但是这很明显地会加深他想驾驭别人的欲望。如果我们轻蔑地忽视他，我们可能很容易惹起他的敌意：他可能中止接受治疗，也可能希望我们用道歉来证明他的做法正确，而继续接受治疗。事实上，用骄纵或是用轻视都是不能帮助他的，我们应该向他表示的是一个人对其同类应有的兴趣。没有哪一种兴趣会比这更真实、更客观。为了他自己的幸福，也是为了别人的利益，我们必须和他合作，来找出他的困难。记住了这个目标，我们便不会冒险等待令人兴奋的“转移”现象出现，或是摆出权威的姿态，或是将他置于依赖和不负责任的地步。

II. 早期记忆与生活方式

在所有心灵现象中，最能显露其秘密的，是个人的记忆。一个人的记忆是他随身携带，能使他想起自己本身的各种限度和环境意义的载体。记忆绝不会是偶然的，个人从他接受到的、多得不可计数的印象中选出来记忆的，肯定是那些他觉得对他的处境有重要性的事件。因此，他的记忆代表了他的“生活故事”，他反复地用这个故事来警告自己或安慰自己，使自己集中心力于自己的目标，并按照过去的经验，准备用已经试验过的行为方式来应付未来。在每天的行为中，我们可以很容易观察到人们如何利用记忆来平稳情绪。如果一个人遭遇挫折而感到沮丧，他会回想起过去失败的例子。假如他忧郁成性，他的所有记忆都会带有忧郁的色彩。假如他是愉悦而富有勇气的，他会选择完全不同的记忆：他回想起的故事都是愉快的，它们能使他的乐观主义更为坚定。同样地，如果他觉得自己面临着难题，他会唤起各种记忆，来帮助他调节好准备应付问题的心境。因此，记忆也能达到和梦一样的目的。有许多人在面临抉择时，会梦见他们曾经顺利通过的考验。他们把自己的决定看作是一种考验，而想要重新调整到曾经使他们成功过的心境。在个人生活方式中心境的变化与他一般心境的结构和平衡，都遵守着同样原则。患有忧郁症的人假如回想起他的成功和他的得意时光，他便不会再忧郁。然而，他却告诉自己："我的整个生命都是不幸的。"并只选择能被他解释为不幸命运的事件来回忆。记忆绝不会和生活的方式背道而驰。假使一个人的优越感目标要求他感到："别人总是在侮辱我。"他便会选择能被他解释为侮辱的意外事件的记忆。只要他的生活方式发生改变，他的记忆也会随之改变。他会记住不同的事情，否则他便会对他记得的事件给予不同的解释。

早期的回忆是特别重要的。首先，它们显示出个人生活方式的根源，及其最简单的表现方式。我们从中可以判断：一个孩子是被宠惯的还是被忽视的，他能和别人合作到何种程度，他愿意和什么人合作，他曾经面临过什么问题，以及他如何对付它们。在患有视力疾患，而曾经训练自己要看得更真切的儿童的早期记忆中，我们会看到许多和视觉有关的印象。他的回忆可能一开始就说："我环顾四周……"，他也可能描述各种颜色和形状。因行动困难而希望自己能跑能跳的儿童，也会把这些兴趣表露在他的回忆中。从儿童时代起便记下的许多事情，必定和个人的主要兴趣非常相近，假如我们知道了他的主要兴趣，我们也能知道他的目标和生活方式。这个事实使早期的记忆在职业性的心理治疗辅导中，有非常重大的价值。此外，我们在其中还能看出儿童和父母以及家庭中其他成员之间的关系。至于记忆正确与否，倒是没有多大关系的。它们最大的价值在于它们代表了个人的判断："即使是在儿童时代，我就是这样的一个人了。"或："在儿童时代，我便已经发现世界是这个样子了。"

III. 解析早期记忆的六个案例

各种记忆中最富有启发性的，是他开始述说其故事的方式，以及他能够记起的最早事件。第一件记忆能表现出个人的基本人生观，这是他的态度的雏形。它给我们一个机会，让我们一见之下，便能看出他是以什么事件作为其发展的起始点。我在探讨人格时，是绝不会不问其最初记忆的。有时候人们会回答不出，或宣称他们记不清哪件事情发生在先，但是这种表现本身就富于启发性。我们可以推测：他们是不愿意讨论他们的基本意义，或是不想合作。一般而言，人们都是很喜欢谈他们的最初记忆的。他们把它当作是单纯的事实，而不会想到隐藏在它背后的意义。很少有人了解最早的记忆，大部分人都会从他们的最初记忆中，坦然无隐地透露出他们生活的目的，他们与别人的关系以及他们对环境的看法。最初记忆中，另外一点很有趣的是：它们的浓缩和简要能使我们利用它作大量的探讨。我们可以要求一些学生写下他们的最早记忆，如果我们知道如何解释它们，我们对每个儿童便有了一份非常有价值的资料。

为了便于说明，下面我举几个最早记忆的例子，并加以解释。除了他们的记忆外，我对这些人都一无所知——甚至他们是成人或是儿童，我也不知道。我们在其最早记忆中发现的意义，应该是可以用他们人格的其他表现来检查的，但是现在我们只用它们作为训练之用，以加强我们推测的能力。我们必须知道哪些事情可能是真的，我们也必须能够拿一种记忆和另一种互相比较。尤其是我们应该能够看出：一个人所受过的训练是使他趋向合作，还是反对合作；他是勇气十足，还是胆小沮丧；他是希望受人支持和被人照顾，还是充满自信而能够独立；他是准备施予，还是只想收受。

案例一

“因为我的妹妹……”环境中的那一个人在最早记忆中出现，是一件必须加以注意的重要事情。当妹妹出现时，我们可以断定：这个人曾经在她的影响之下感受颇深。这位妹妹在他的发展上曾经投下一层阴影。通常在这两者之间，我们会发现一种敌对状态，就像他们是在比赛中互相竞争一样。我们也不难了解：这种敌对状态会使其发展增加许多困难。当一个儿童心中充满对别人的敌意时，他绝不会想以友谊关系和别人合作，并扩展出对别人的兴趣。然而，我们的结论也不能下得太早，也许这两个人是好朋友也说不定。

“因为我的妹妹和我是家庭中年纪最小的，所以在她长大到可以去上学以前，我也不能去。”现在，敌对状态变得很明显了。我的妹妹妨碍了我！她年纪比我小，但我却不得不等待她。她限制了我的机会！如果这是这个记忆的真正意义，我们能够想象到，这个男孩或女孩会觉得：“我生活中最大的危险，就是有某个人限制我，妨碍了我的自由发展。”这个作者可能是一个女孩子，男孩子似乎很少受到这种要等待妹妹大到可以上学的限制。

“结果我们在同一天开始了。”站在她的立场，我们不认为这是对女孩子最合适的一种教育。它可能给她一个印象：因为她年龄较大，所以她必须等待于他人之后。在任何情况下，我们都能看到这个女孩运用着这种解释。她觉得她是为了要顾全妹妹的利益而被忽视的。她会把这种忽视归罪于某一个人，很可能是她的母亲。假使她因此而更依恋她的父亲，想使自己成为他的宠儿，我们也不必感到诧异。

“我很清楚地记得：妈妈告诉每一个人：当我们第一天上学时，她感到多么的寂寞。她说：‘那天下午，我跑到大门口好几次，盼望着女儿们。我一直怕她们不会回来了。’”这是对她母亲的描述，这个描述显示她的行为并不是非常理智的。这是这个女孩子对她母亲的看法。“怕我们不会回来”——很明显地，这位母亲是很慈爱的，她的女儿们也都知道她的慈爱。但是，她同时也是紧张和焦虑的。如果我们能和这个女孩子谈谈，她可能会说出她母亲偏爱妹妹的更多事情。这种偏爱并不值得大惊小怪，因为最小的孩子总是较受宠的。从她的整个最初记忆，我可以得出结论：这两姐妹中年纪较长的一个，因为妹妹的敌对而觉得受到妨害。在她以后的生活中，我们可能会看到嫉妒和害怕竞争的讯号。假如她不喜欢比她年纪轻的女性，也不是件什么奇怪的事。有些人在其一生中总觉得自己太老了，有许多善妒的妇女，对比她们年轻的女性也总是自觉不如。

案例二

“我最早的记忆是我祖父的葬礼。那是在我3岁时。”这是一个女孩子写的。她对死亡这件事存有很深刻的印象。这意味着什么呢？她把死亡看作是生活中最大的不安全，最大的危险。她从儿童时期发生在她身上的各种事件中，总结出了一条定则：“祖父会死。”我们还可能发现：她是祖父的宠儿，他一直很疼爱她。祖父母几乎都是很疼爱孙儿们的。他们相对孩子的父母亲承担着较少的教养之责，而且他们希望孩子们能依附他们，以证明他们仍然能够获得温情。我们的文化很不容易让老人们感到自己有价值，有时，他们会用一些简单的方法来肯定自己的重要性——例如喜欢动怒等。在此，我们不难相信：当这个女孩幼小的时候，他的祖父非常疼爱她，他的宠爱使她对他产生深刻的记忆。当他去世时，她觉得受到严重的打击：一个臣属兼益友丧失掉了！

“我很清楚地记得，看到他躺在棺材里：脸色苍白，全身僵硬。”我不认为让一个3岁的小孩看到尸体是件明智之举。至少也应该让孩子先有心理上的准备。孩子们经常告诉我：他们对看到死人的印象非常深刻，永远无法忘怀。这个女孩子也没有忘掉。这样的小孩会努力设法消除或克服死亡的恐怖。他们的志向经常是要成为医生。他们觉得，医生所受的训练使他比其他人更能对抗死亡。如果要求医生说出他的最初记忆，通常会包含有关死亡的记忆。“躺在棺材里，脸色苍白，全身僵硬。”——这是对可见之物的记忆。也许这个女孩子是属于视觉型的，对观看世界特别感兴趣。

“然后到了坟墓。当棺材放进墓穴后，我记得那些绳子从那粗糙的盒子下面给拉了出来。”她又告诉我们她所看到的事。我们更坚信我们的猜测了：她是属于视觉型的。“这次经历带给我很深的恐惧，以后每当提起我的任何亲戚、朋友或熟人到另一个世界去了，我总会吓得全身发抖。”

我们又再次注意到死亡留给她的深刻印象。如果我有和她谈话的机会，我会问：“以后你想从事什么职业？”她可能回答：“医生。”假如她回答不出或避开这个问题，那么我会给她暗示：“你不想当医生或护士吗？”她之所以说：到另一个世界去，即是对死亡恐惧的一种补偿作用。从她的整个记忆中，我们得知：她的祖父对她非常好，她是属于视觉型的，而死亡在她的心灵中扮演了重要的角色。她从生活中获得的意义是："我们都会死。"这当然是一件事实，但是一个人的主要兴趣却绝不会都在于此。还有许多其他事情能够吸引我们的注意力。

案例三

"当我 3 岁的时候，我的父亲……"一开始，她的父亲便出现了。我们可以假设：这个女孩子对她父亲的兴趣远胜于对她母亲的兴趣。对父亲的兴趣是属于发展的第二阶段。孩子最先总是对母亲比较感兴趣，因为在最初的一、两年间，和母亲的合作是非常密切的。孩子需要母亲，她依附着她；她的整个心灵活动都牵系在母亲身上。如果她转向父亲，母亲便失败了。因为孩子对她的处境已有所不满，通常这是更小的娃娃诞生的结果。假使我们在这篇回忆中，看到有新娃娃出现，我们的猜测就对了。

"我的父亲买给我们一对矮种马。"孩子不止一个。我们必须注意另一个孩子。"他牵着马的缰绳把它们带来。比我大 3 岁的姐姐……"我们必须修正我们的解释了。我们以为这个女孩子是姐姐，事实上她的年纪却较小。也许她的姐姐是母亲的宠儿，所以这个女孩才会先提起她的父亲和两匹矮种马的礼物。

"我的姐姐拿过一条缰绳，牵着她的马，得意洋洋地在街上走着。"这是她姐姐的胜利姿势。"我的马紧跟着另一匹跑，跑得太快了，我总是赶不上。"——这是她姐姐走在前头的结果！——"我跌倒了，它拖着我在地下跑。"这次经历兴高采烈的开始，却落得凄惨不堪的收场。"姐姐胜利了，她占尽了上风。

我们可以断定，这个女孩子的意思是："如果我不小心，我的姐姐就总是占上风。我会被她击败，我会跌倒在地。安全的唯一方法就是在前领先。"我们也由此了解：她的姐姐已经赢得了母亲，这就是她转向父亲的原因。

"以后，虽然我的骑术远超过我的姐姐，但是这丝毫弥补不了那次遗憾。"现在，我们的所有假设都已得到证实。在这两姐妹之间，我们可以看到有一种竞争存在。妹妹觉得："我一直掉在后头，我必须设法赶上，我必须超过其他人。"我曾经说过：次子或年纪较小的孩子，经常会有一个竞争的对手，而他们又一直想要击败他们的对手。这个例子就是这种类型。这个女孩子的记忆加强了她的态度。它对她说："如果有人在我前面，我便很危险。我必须永远保持第一。"

案例四

"我最早的记忆是被我的姐姐带到宴会和各种社交场合。当我出生时，她大约是 18 岁。"这个女孩子记得她自己是社会的一部分。也许我们在这份记忆中会发现，她的合作程度比别人高。大她 18 岁的姐姐，对她而言似乎是处于母亲的地位。姐姐是家里最宠爱她的人，但是她却好像曾经用很聪明的方式，使这孩子的兴趣扩展到别人身上。

"因为在我出生以前，我的姐姐是家中 5 个孩子中唯一的女孩，她当然喜欢拿我到处炫耀。"这看来并不如我们想象的那么好。当一个孩子被拿来炫耀时，她所感兴趣的可能会变成"受人欣赏"，而不是奉献自己所能。"因此，在我还相当小的时候，她便带着我到处跑。对于那些宴会，我记得的唯一事情是：姐姐老是喜欢强迫我说些话，例如‘跟这位小姐说说你的名字’等等。”——这是一种错误的教育方法。假如这个女孩子因此而患上口吃或产生言语上的困难，我们不必为此讶异。口吃的孩子通常是因为别人对他的说话过分注意。他承受不了压力无法自自然然地和别人交谈，因而他会过分关心自己，并更加企图让别人了解自己。

“我还记得，我说不出话来的时候，回到家总会挨一顿骂，因此我变得很讨厌出门和别人交往。”我们最先的解释必须完全修正了。现在，我们可以看出，她最早记忆背后的意义是：“我被带去和别人接触，但是我发现那是很不愉快的。由于这些经验，从此之后，我便讨厌这一类的合作。”因此，我们可以想象，即使到现在，她仍然不喜欢与人交往。我们可能发现：她对这些事情会不自在而过分注意自己，她觉得必须炫耀自己，并觉得这种要求过分沉重。她被训练得要与众不同，而难以平易近人。

案例五

“在我的童年时期，有一件事情是最显著的。当我大约 4 岁时，我的曾祖母来看我们。”我们说过：祖父母通常都宠爱着他们的孙儿，至于曾祖母如何对待他们，则是我们尚未讨论之事。“当她来看我们时，我们要拍一张四代同堂的照片。”这个女子对她的门第非常感兴趣。由于她这么清楚地记着她曾祖母的来访，以及和他们合拍的照片，我们可以推论出：她对家庭的依恋非常之深。如果我们说对了，我们会发现：她合作的能力很难超出她家庭圈子的范围之外。

“我很清楚地记得：我们开车到另一个镇上去，当我们抵达照相馆后，我换了一件白色绣花的衣服。”也许这个女孩子也是属于视觉型的。“在我们拍四代同堂的照片以前，我和弟弟先合照了一张。”我们又看到她对家庭的兴趣了。她的弟弟是家庭中的一部分，我们很可能听到她和他之间更多的关系。“他坐在我身旁一把椅子的扶手上，手里握着一个亮亮的红球。”她又再次记起可见之物。“我站在椅子旁边，手里什么东西都没有。”现在我们看到这个女孩子的主要努力目标了。她告诉自己：她的弟弟比她更受人宠爱。我们猜测：当她的弟弟出生，并取代她最小和最受人宠爱的地位后，她可能觉得非常不高兴。“他们叫我们笑。”她的意思是：“他们想要使我笑。但是有什么值得我笑的？他们把我的弟弟摆上宝座，还给他一个亮亮的红球，可是他们给了我什么？”

“然后拍四代同堂的照片。除了我，每个人都想摆出最好看的样子。我一点都没有笑。”她对她的家庭表示抗议，因为她的家庭待她不够好。在这个最早记忆中，她并没有忘记告诉我们：她的家庭是怎么对待她的。“当要他笑的时候，我的弟弟笑得好甜，他好聪明。以后我便一直讨厌再拍照片。”她的回忆让我们领悟到我们大多数人应付生活的方式。我们得到一种印象后，总是喜欢用它来解释是永久真实的。很清楚，她在拍那张照片时觉得非常不愉快，以后便讨厌再拍照片。我们经常发现：当一个人讨厌某件事物，而要找出这种厌恶的理由时，他通常会从他的经验中挑选出某些东西来承担这种解释之责。

这篇最早记忆给予我们关于作者人格的两个主要暗示。第一、她是属于视觉型的；第二——这一点比较重要——她对家庭依附很深。她最初记忆的全部情节都发生在家庭圈子里面。她很可能不适于社会生活。

案例六

“我最早的记忆之一是在我大约三岁半时，发生的一件意外事故。帮我父母工作的一个女孩子，把我们带到地窖里，让我们品尝苹果酒。我们都很喜欢它。”发现地窖里面有苹果酒一定是件很有趣的事情，那是一种探险的历程。如果我们现在就要下结论的话，我们可以在两种猜测中选择其一。也许这个女孩子很喜欢遭遇新环境，在处理生活问题时充满了勇气。反过来说，她的意思也许是：有许多意志较强的人会引诱我们，将我们导向堕落之途。这个记忆的其余部分会帮我们做出判断。“过了一会儿，我们决心要再多尝一点酒，所以我们就自己动手了。”这是个有勇气的女孩，她想要独立自主。“过了不久，我的腿开始不听使唤，它们失去了走动的能力。因为我们把苹果酒都倒在地上了，所以地窖也变得潮湿不堪。”在此，我们看到了一个禁酒主义者的形成！

“我不知道是否是这次意外使我不喜欢苹果酒和含酒精饮料的。”一件小的意外又变成了整个生活态度的成因。如果我们只凭常识想象，我们无法看出：这种意外的事件是否导致了此种结果。然而，这个女孩却私下把它作为不喜欢酒类饮料的原因。我们很可能发现：她是个懂得如何从错误中学习的人。她可能富有独立性，犯了错也勇于改过。这个特征可以描绘出她的整个生活。她仿佛说道：“我犯了过错。但是当我发现过错时，我便改正它。”假如确实如此，她将是一种良好的典型：主动，在奋斗中充满勇气，改进自己的处境，并一直寻找着更好的生活方式。

Ⅳ. 行为的根源——早期的记忆

在前面这些例子中，我们只是在训练我们一种推测的艺术。在我们断定我们的结论正确无误以前，我们必须多看人格的许多其他表现。现在，让我们举几个实际的例子，来说明：从人格的各种表现中，可以看出它的一贯性。

案例一

一个患有焦虑症的35岁男人跑来找我。他只有在离开家时才觉得焦虑。他曾经数度勉勉强强地找到职业，但是，只要一进办公室，他便呻吟终日，直到晚上回家和她母亲坐在一起时才停止。当要求他说出最早记忆时，他说："我记得4岁时，坐在家里靠近窗子边，看街上有许多人在工作，觉得很好玩。"他要看别人工作，他自己只想坐在窗子边看他们。假如改变他的状况，我们必须改变他不能和别人一起工作的想法。他一直以为：生活的唯一方法就是受别人支配。我们必须改变他的整个人生观，责备他是毫无用处的，我们也无法用药物或切除分泌腺来使他悔悟。然而，他的最初记忆却使我们较容易向他建议能使他感兴趣的工作。我们发现：他患有重度近视，由于这种缺陷，他要非常注意才能看清东西。当他开始遭遇到职业问题时，他总是继续在"看"，而不是在"工作"。但是这两件事情并不是互相对立的。当他痊愈后，他开了一间画廊。他用这种方式在我们分工的社会中也能奉献出自己的力量。

案例二

一个患有歇斯底里亚性失语症[1]的32岁男人，也来请求治疗。他除了嗫嚅做声外，就说不出话来。这种情形已经有两年之久了，开始时是有一天他踩到香蕉皮，摔跤撞在计程车的玻璃窗上，他呕吐了两天，以后即患上偏头痛。无疑，他是脑震荡了，但是喉咙部分并没有发生机体上的变化，脑震荡并不足以成为他不能说话的原因。他完全说不出话达八天之久。他将这起意外事件上诉法院，现在仍然诉讼不休。他把整个事件归咎于计程车司机，并要求汽车公司赔偿。我们不难了解：假如他丧失了某种能力，他在诉讼中所占的地位将有利得多。我们不必说他意图欺骗，因为他也没有大声说话的必要。也许他在意外事件的震惊之后，确实发现自己说话困难，以后他也没有看出有什么必须改变的必要。

这个病人曾经找过一位喉科专家，但是这位专家却找不出什么毛病。要求他说出最早记忆时，他告诉我们："我躺在摇篮里，来回晃荡。我记得看到挂钩脱掉了，摇篮掉下来，我也受了重伤。"没有人会喜欢摔跤的，但这个人却过分强调摔跤。他的注意力都集中在摔跤的危险上，这是他的主要兴趣。"当我摔下来时，门打开了，妈妈惊慌失措地跑进来。"他曾用摔跤吸引了母亲的注意力，此外，这个记忆还是一种谴责——"她没有好好照顾我。"同样的，计程车司机和汽车公司也都犯了类似错误。

---

[1] 歇斯底里：是一种常见且较严重的精神疾病，又称癔症。指狂躁，不受控制，不可理喻；也指情绪异常激动，举止失常。通常用于形容对于某件事物的极度情绪。其中典型的症状是患者自己认为失去身体某部分的功能，而且也确实表现出身体某一部分功能的丧失。如有的人认为自己失明、失听、失语、肢瘫了，确实就表现出失明、失听、失语或病变。失语症：与语言功能有关的脑组织的病变。——编者注

他们都对他照顾不周。这是一种被宠惯坏了孩子的生活方式，他们总想让别人担负责任。“5岁时，我头上顶着一块木板，从20英尺高的楼梯上摔下来，我有5分多钟说不出话来。”这个人对丧失语言能力是相当拿手的，他训练有素地把摔跤当作是拒绝说话的原因。我们无法把它看作是失语的原因，可是他却能够如此。他对这种方法经验丰富，现在只要一摔跤，他便自然而然地说不出话来。如果要治愈他，必须要让他知道他犯了错误、在摔跤和丧失语言能力之间是没有关联的。同时，要让他认识到：在一次意外事件之后，他并不需要继续嗫嚅做声达两年之久。然而，在这个记忆中，还显现出他为什么难以了解这些事情的原因。“我的妈妈又冲了出去，”他继续说道：“看起来非常激动的样子。”在两次意外事件中，他的摔跤都吓坏了他的母亲，并吸引了她对他的注意。他是个想要被宠爱，想要成为别人注意中心的孩子。我们能够了解：他要别人为他的不幸付出代价。其他被宠惯的孩子如果发生了同样的意外，也会这样做的，只是他们可能不会拿语言失常作为手段而已。这是我们病人的特殊商标，它是他从经验中建立起来的生活方式的一部分。

案例三

一个抱怨着找不到满意职业的26岁男人，曾经来找过我。8年前，他的父亲把他安插在经纪行业中，但他一直不喜欢干这一行，最近他终于辞职了。他想另外再找个工作，但却一直没有成功。他还抱怨他难以入眠，并经常有自杀的念头。当他放弃经纪行业的工作后，他曾经离家在另一个城镇找到了一份工作。但是不久他听到母亲病重的消息，结果又回家和家人一起生活。

从他的经历中，我们很怀疑他的母亲是否对他非常溺爱，而他的父亲却对他滥施权威。我们很可能发现：他的生活就是对他父亲威严的一种反抗。当我们问他在家庭中的排行时，他说是最小，而且是唯一的男孩。他有两个姐姐，最大的老是想管他，另一个也差不多。他的父亲对他总是不断地吹毛求疵，因此，他深刻地感到：他的整个家庭都在压迫着他。只有母亲是他唯一的朋友。

他直到14岁才开始上学。以后，他的父亲把他送进农业学校，因为这样他才能在他父亲计划要购买的农场上帮忙。这个孩子在学校里的表现相当优秀，可是却下定决心：他不愿意当农民。因此，他的父亲把他安插在经纪行业中。奇怪的是：他竟然在这份工作上熬了8年之久。但是他说：他能够这样做，完全是为了母亲的缘故。

童年时，他是懒散而胆小的，怕黑暗，怕孤单。当我们听到懒散的孩子时，我们总可以找到有某个人习惯于帮他收拾东西。当我们听到怕黑暗和怕孤单的孩子时，我们总可以找到某一个经常在注意他、抚慰他的人。对这个青年而言，这个人就是他的母亲。他不以为和人交友是简单的事，但是当他周旋于陌生人之间时，却也觉得相当自在。他没有恋爱过，对恋爱不感兴趣。而且也不想结婚。他认为他父母的婚姻是不美满的，这一点能够帮助我们了解为什么他自己不想结婚。

他的父亲仍然逼着他，要他继续从事经纪行业。他自己很想进入广告界工作，但是他却相信：他的家庭不会给他钱，让他开拓自己的事业。在每一点上，我们都能看到他行动的目的是在反抗他的父亲。当他从事经纪工作时，他已经能够自立，可是他却没有想要用自己的钱来学习广告工作。他直到现在才想起要把这作为对他父亲的反抗。

他的最初记忆很明显地显露出一个被宠惯的孩子对严格父亲的反抗。他记得他如何在父亲的餐馆中工作。他喜欢擦洗碟子，并把它们从一张桌子上搬到另一张桌子上。他玩弄碟子的做法惹火了他的父亲，他当着顾客的面，掴了他一记耳光。他用这个早期记忆作为他父亲对他心怀敌意的证明，而他的整个生活也变成反抗父亲的一场战争。他并没有工作的诚意。如果他能伤害父亲，他就完全满足了。

他自杀的念头也很容易解释。每个自杀案件都是一种谴责。想要自杀时，他的意思是说："我父亲的所作所为都是罪恶的。"他对职业的不满也都归咎于他的父亲。父亲每提出一项计划，做儿子的都表示反对，但是娇生惯养的他却又无法独立开创自己的事业。他并不是真的想工作，他只想嬉戏，可是他对母亲又存有合作之意，所以又像是想找工作一样。然而，他对父亲的抗争又如何解释他的失眠呢？

如果他睡不着觉，第二天他就没有精神工作。他的父亲等他去做事，可是他却疲倦得无法动弹。当然，他可以说："我不要做事，我也不愿受压迫。"但是，他必须考虑他的母亲和他经济状况欠佳的家庭。假使他干脆拒绝工作，他的家庭会认为他无可救药，而拒绝再资助他。他必须要找个理由下台，结果他找到了这种表面看来似乎是无懈可击的毛病——失眠。

最先，他说他从未做过梦，可是后来他却想起了一个经常发生的梦。他梦见有个人往墙上掷球，而球总是跳开了。这似乎是个平淡无奇的梦。在这个梦和他的生活方式之间，我们能找到关联吗？我们问他：“以后呢？当球跳开时，你觉得如何？”他告诉我们：“每当它跳开时，我便醒了。”现在他已经揭开他失眠的整个结构了，他利用这个梦作为吵醒他的闹钟。他想象每一个人都要推他向前，强迫他做他不喜欢做的事情。他梦见某个人向墙上掷球，这时，他便醒过来了。结果第二天他便疲惫不堪，无法工作了。他的父亲急着要他工作，而他用这种曲折的方法，击败了他的父亲。假如我们只看他和他父亲之间的争战，我们应该认为：他发明这种武器是相当聪明的。然而，他的生活方式不论对他自己或对别人都不是十分完美的，因此，我们必须帮他加以改变。

在我解释过他的梦后，他便不再做这个梦了，但是他告诉我，他仍然常常在半夜里醒来。他已经没有勇气再做这个梦，因为他知道人家会揭穿他的目的，但是他仍旧要使自己在第二天疲倦不堪。我们要怎么帮助他呢？唯一可行的方法是使他和他的父亲和解。只要他的兴趣仍然是惹怒并击垮他的父亲，他的问题便不可能好转。开始时，我依旧是惯例式地赞同病人的态度：“你的父亲似乎是完全错了。”我说道，“他想要用他的权威，时时刻刻地支配着你，这种做法确实不太聪明。也许他自己有问题，也应该接受治疗。可是你能怎么做呢？你不可能改变他。假如下雨了，你该怎么办？你只能打把雨伞或坐出租车，想要和雨反抗或压过它都是没有用的。现在你正竭尽所能像在反抗雨一样反抗你的父亲。你相信你有力量，你相信你已经压过他了，但是你的胜利伤害最深的却是你自己。”我指出他各种表现之间的一贯性——他对事业的犹豫不决，他的自杀念头，他的离家出走以及他的失眠。我还告诉他：在这些表现之间，他如何用惩罚自己的方法来报复父亲。

我还给他一个劝告："今天晚上要睡觉的时候，你要想你随时都会醒过来，这样你明天就会很疲劳。你要想：明天你累得不能工作时，你父亲怒火冲天的情形。"我要他面对事实。他的主要兴趣在于激怒并伤害他的父亲。如果我们无法制止这种争战，治疗便没有效用。他是个被宠坏的孩子，我们都能够看出这一点，现在他自己也明白了。

这种情形非常类似于所谓的"俄狄浦斯情结"。这个青年一心一意地想要伤害他的父亲，而又非常依附于他的母亲，可是，这却与性无关。他的母亲宠爱他，而他的父亲却毫无怜悯之意。他受过错误的训练，并对他所处的地位解释错误。遗传在他的烦恼中并未占有丝毫地位，他的烦恼并不是由杀死部落酋长的野蛮人的本能中推导出来，而是从他的经验中自己创造出来的。每一个孩子都可能培养出这种态度。我们只要给他一个像本个案一样宠孩子的母亲和一个凶恶的父亲，就可以了。如果这个孩子也反抗他的父亲，并无法独立地解决自己遭遇的问题，我们便可以了解：要采取这种生活方式是一件多么简单的事。

五　梦

几乎每个人都会做梦，但是了解梦的人却很少。这种现象看来是很奇怪的。梦是人类心灵一种很平常的活动，人们对它一直很感兴趣，但是对它的意义却一直感到迷惑不解。有许多人非常重视他们的梦：他们以为它是奥妙无穷而含有重大意义的。从人类最古老的年代起，我们便一直能发现这种兴趣。然而，一般而言，人们对做梦时自己到底在做些什么或为什么会做梦等事情，仍然没有什么概念。据我所知，解释梦的理论只有两种是容易被人了解而且也合乎科学的。这两种声称要了解梦并解释梦的学派，是心理分析的弗洛伊德学派和个体心理学派。在这两者之中，可能只有个体心理学者才敢说：他们的解释是完全合乎常识的。

1. 关于梦的传统解析

以往想要解释梦的尝试当然是不科学的，但

是它们都值得关注。至少它们能表现出以前人们把梦当作是什么和他们对于梦所抱持的态度。因为梦是人类心灵创造活动的一部分，假使我们能够发现人们对梦有些什么期待，我们便可以相当准确地看出梦的目的。在我们的研究开始之时，我们便看到一个明显的事实。大家似乎都把梦能预测未来视为理所当然。人们常常以为：在梦里，有某些精灵、鬼神或祖先会占据他们的心灵，并影响他们。在困难时，他们会借用梦来指点迷津。古代解梦的书对梦见某种梦的人将来运道如何，都给出了解释。原始民族则在梦中找寻预言和征兆。希腊人和埃及人到他们的庙里去参拜，希望能得到一些神圣的梦来指引他们未来的生活。他们把这种梦当作治疗的方法，认为能消除身体上或心灵上的痛苦。美洲的印第安人以斋戒、沐浴、行圣礼等非常繁冗的宗教仪式来引发梦，然后依照他们对梦的解释作为行为的依据。在《旧约》中，梦一直都被解释为未来事情的预兆。即使在今日，也有许多人坚持认为他们做过的很多梦，后来都变成事实了。他们相信，他们在梦里会成为预言家，而梦则会运用某种方法让他们进入未来的世界中，并预见以后会发生的事情。

从科学的立场看来，这种观点自然是荒唐无稽的。从我开始想解开梦的问题的时候起，我便很清楚：做梦的人预见未来的能力，是比清醒而能完全支配其官能的人差得远。我们不难发现：梦不仅不会比日常思维来得理智而能预测未来，反倒是更为混乱而令人难解。然而，我们对人类以为梦能够经由某种方法和未来发生联系的传统观念，却不能不加以注意。也许我们会发现，从某种观点看来，它们并不是完全错误的。假如我们运用客观的态度来加以研讨，它可能提醒我们注意某些一向被忽视的重要之点。

我们已经说过：人们曾经以为梦能够对他们的问题提出解决之道。我们可以说：这种人做梦的目的就是想要获得对未来的指引及解决问题的方法。这和认为梦能、预见未来的观点相去甚远。我们必须考虑，他寻求的是哪种问题的解决方法，他从其中又希望获得些什么？有一点仍然是非常明显的：梦中所提出的任何解决问题之道，必然比清醒时考虑整个情境所获到的方法为差。事实上，做梦时，个人就等于是希望在睡觉中解决问题，这种说法并不算太过分。

II. 弗洛伊德学派与梦

在弗洛伊德学派的观点中，我们发现了一种真正的努力，主张梦具有可加以科学解释的意义。然而，在许多方面，弗洛伊德的解释已经把梦带出了科学的范围之外。例如，它假设：在白天的心灵活动和夜晚的心灵活动之间，有一个间隙存在，“意识”和潜意识彼此互相对立。而梦则遵循着一些和日常思维法则迥然不同的定律。当我们看到这些对立时，我们会断定心灵有一种不合乎科学的态度。在原始民族和古代哲学家的思想中，我们常常会看到这种把概念弄成强烈对立，把它们当作相反事件来处理的例子。在精神病患者之间，这种对立的态度表现得最明显。人们经常相信左、右是互相对立的。男女、冷热、明暗、强弱也是互相对立的。但是，从科学的立场看来，它们不是互相对立的事物，而是同一件东西的变异。它们是依照某种理想的假定，排列而形成的量表上的不同程度。同样的好和坏、常态和变态也都不是对立事物，而是同一物的变异。把睡眠和清醒，做梦时的思想和白天的思想当作是对立事物的任何理论，都是不科学的。

原始弗洛伊德学派观点中的另一个难题，是把梦的背景归之于性。这也使得梦从人类通常的努力和活动中分离开来，如果这种看法正确，那么梦便不是表现整个人格的一种方法，它表现的只是人格的一部分而已。弗洛伊德学派自己也发现：用性来解释梦是有所不足的。因此，弗洛伊德主张：在梦里我们还能发现一种求死的潜意识欲望。我们也许能发现：这在某种观点上是正确的。我们说过：梦是想要找出问题解决方法的企图，它们显露出个人勇气的丧失。可是，弗洛伊德学派的名词却太离谱，它们根本无法让我们看出：整个人格是如何表现在梦里面的。而且梦中的生活和白天的生活似乎又变成了壁垒分明的不同事物。不过，在弗洛伊德学派的概念中，我们也得到了许多有趣而且有价值的暗示。例如，其中特别有用的暗示是：梦本身并没有什么重要性，重要的是梦后面的潜伏思想。在个体心理学中，我们也获得了类似的结论。心理分析学派所忽视的是科学心理学的第一个要求——认清人格的一贯性和个人在其各种表现中的一致性。

这种缺点可以从弗洛伊德学派对解释梦的几个关键问题的回答中看出来。“梦的目的是什么？我们为什么要做梦？”心理分析学派的回答是：“为满足个人未经实现的欲望。”但是，这种观点并没有解释一切。假使一个梦是扑朔迷离的，假使个人忘掉了它或无法了解它，那么哪里还有满足可言？每一个人都会做梦，但是几乎没有人了解他的梦。这样，我们从梦里又得到些什么快乐？假使梦里人生和白天的生活迥然不同，而梦所造成的满足只发生在它自己的生活圈子中，我们也许就能了解梦对做梦者的用途。但是这样一来，我们便丧失了人格的统一性，梦对清醒状态的人也没有什么用了。从科学的观点看来，做梦者和清醒时的人都是同一个人，梦的目的也必须适用于这个人一贯的人格。然而，有一种类型的人，我们无法把他在梦中对满足希望的努力和他的整个人格联结起来。这一类的人是被宠坏的孩子，他们老是问着："我要怎样做才能获得满足？生活能给我什么东西？"这种人在梦中可能像他在其他各种表现中一样地找寻满足。事实上，假使我们再加以注意，我们会发现：弗洛伊德学派的理论是被宠坏孩子的心理学，这些孩子觉得他们的本能绝不能被否定，他们认为别人的存在是不必要的，他们一直在问："我为什么要爱我的邻居？我的邻居爱我么？"心理分析学派用被宠坏孩子的前提作为其基础，并过分仔细地研究了这些前提。但是对满足的追求只是千万种对优越感的追求之一，我们绝不能把它当作是各种人格表现的中心动机。而且，如果我们真正发现了梦的目的，它也能帮助我们看出遗忘梦和不了解梦能达成什么目的。

III. 个体心理学派与梦

大约在 25 年前，当我开始想发现梦的意义时，这是个最令人困扰的问题。我看出：梦并不是和清醒时的生活互相对立的，它必然和生活的其他动作和表现相一致。假使我们在白天专心致力于追求某种优越感目标，我们在晚上也会关心着同样的问题。

每个人做梦时，都好像在梦中有一个工作在等待他去完成一般，都好像他在梦中也必须努力追求优越感一般。梦必定是生活方式的产品，它也一定有助于生活方式的建造和加强。

梦的目的

有一种事实能够帮助我们澄清梦的目的。我们做梦，但是清晨醒来后，我们通常都把梦忘掉，似乎不留一丝残痕。但这是真的么？真的什么东西都没留下么？不是的。我们还留有梦所引起的许多感觉。梦中景象俱已消失，对梦的了解也不复存在，遗留下来的只有许多感觉。梦的目的必然是在于它们引起的感觉之中，梦只是引起这些感觉的一种方法，一种工具，梦的目标是它所留下来的感觉。

个人所造出的感觉会和他的生活方式永远保持一致。梦中思想和白天思想之间的差异不是绝对的，这两者之间并没有明显的界限。用简单的话来说，其间的差异仅在于：做梦时，有较多现实关系暂时被搁置了。然而，它并没有脱离现实。当我们睡觉时，我们仍然和现实保持着接触。假如我们受到问题的困扰，我们的睡眠也会受到干扰。睡觉时，我们能做出种种协调动作，以免摔下床来，这个事实可以证明和现实的联系仍然是存在的。尽管街上喧闹异常，母亲依然可以安然入睡，可是她的孩子稍有风吹草动，她却会马上醒过来。即使是在睡觉中，我们也和外在世界保持着接触。然而，在睡觉时，感官的知觉虽不是完全丧失，却已经减弱，而我们和现实的接触也较为松弛。当我们做梦时，我们是个人独处的。社会的要求不再紧紧地跟着我们。我们也不必一丝不苟地考虑环绕着我们的情境。

我们只有在不紧张而我们的问题也都有肯定的解决方法时，我们的睡眠才不会受到干扰。对平静的安稳睡眠的干扰之一是做梦。我们可以说：只有在还没想出我们所面临问题的解决方法时，只有即使在睡眠中现实也不断压迫着我们，并向我们提出种种难题时，我们才会做梦。梦的工作就是应付我们面临的难题，并提供解决之道。现在，我们可以开始看到在睡眠时，我们的心灵是用什么方法来应付问题的。因为我们没有顾虑到整个情境，问题看起来便显得简单得多，而我们提出的解决之道对我们本身适应的要求也是非常之小。梦的目的是在支持生活的方式，并引起适合于生活方式的感觉。但是，生活方式为什么需要支持呢？有什么东西会侵袭它？能够攻击它的，只有现实和常识。因此，梦的目的就是支持生活方式抵制常识。这给了我们一个有趣的灵感：如果一个人面临了一个他不希望用常识来解决的问题，他便能够用梦所引起的感觉，来坚定他的态度。

初见之下，这似乎和我们清醒时的生活互相矛盾，但事实上，其间并无矛盾存在。我们可能引起与清醒时完全一致的感觉。假使有个人遇见了困难，但不希望用他的常识来对付它，而只想继续应用他不合时宜的生活方式，那么他会找出各种理由来维护他的生活方式，使它显得似乎已足以应付问题一般。例如，假若他的目标是在于不劳而获地赚钱，他不想工作，不想努力，也不想对别人有所贡献，那么赌博对他而言，便是一种机会。他知道有许多人因赌博而倾家荡产，可是他仍希望悠游度日，仍希望侥幸致富。他会怎么做呢？他会满脑子充满了金钱的利益，在幻想中为自己勾绘出一幅暴富后的景象：买汽车，过奢华的生活，受众人的恭维。由这些景象，他便激起了能够推他向前的感觉。于是他撇开常识，开始赌博，同样的事情也会发生在更为平常的情况中。当我们在工作的时候，假使有人告诉我们他看过的一场很好的戏剧，我们会开始想停下工作，到戏院去。当一个人陷入爱河时，他会为自己的未来描绘出一幅景象，假使他真正喜爱对方，描绘出的景象必然是愉悦的，反之，如果他感到悲观，未来的景象一定会沾染上灰暗的色彩。但是，无论如何，他总会激发起自己的感觉，而我们也能从他所引起感觉的类别来分辨他是哪一种人。

但是，假使在做梦之后，除了感觉以外，什么也没有留下，它对常识会有什么影响呢？梦是常识的敌人。我们很可能发现有些不愿意被他们的感觉所欺骗的人，他们宁可依照科学的方法做事。这种人很少做梦或根本不会做梦。其他的人大都喜欢背离常识，他们不愿意用正常而有用的方法来解决他们的问题。常识是合作的一面，合作素养欠佳的人都不会喜欢常识。这种人会频频做梦。他们怕自己的生活方式会受到抨击，他们希望避开现实的挑战。我们可以获致如下的结论：梦是想在个人的生活方式和他当前的问题之间建立起联系，而又不愿意对生活方式作新要求的一种企图。生活的方式是梦的主宰。它必定会引起个人所需要的感觉。我们在梦里发现的每一件东西，都可以在这个人的其他特征和病征中发现到。无论我们做梦与否，我们都会以同样的方式来应付问题，但是梦却对我们的生活方式提供了一种支持和维护。

如果这种观点正确，我们在了解梦的历程上，便已经走出了最新而且最重要的一步。在梦里，我们欺骗着自己。每一个梦都是自我陶醉，自我催眠。它的全部目的就是引起一种让我们准备应付某种问题的心境。在其中，我们会看到和个人日常生活完全相同的人格。此外，我们还会看到他在心灵的工作中，仿佛正准备着他将在白天运用的各种感觉。假使我们的说法没有错，那么在梦的结构中或在它运用的方法中，我们也都能看到这种自我欺骗。

事实上，我们发现了什么呢？首先，我们发现了某种对梦中景象、事件、意外事故的选择。以前，我们也提过这种选择。当一个人回顾过去时，他即是把他经历过的景象和事故重新加以整编。我们说过，他的选择是顺着自己的意思的：他从记忆中选出的，只是能够支持他优越感目标的事件。同样在梦的构成中，我们也只选出和生活方式符合一致，而当面临问题时，又能表现出生活方式之要求的事件。这种选择只不过是生活方式和我们遭遇到的困难发生关系后所得到的结果而已。在梦中我们的生活方式要求独断专行。要应付现实的困难，必须借重于常识，但是生活方式却坚持不让步。

Ⅳ. 梦的构成

梦是由哪些成分构成的？从古时候起人们便已经发现，而当代的弗洛伊德也曾特别强调：梦主要是由隐喻和符号构造而成的。正如一位心理学家所言："在我们的梦里，我们都是诗人。"然而，梦为什么不用简单干脆的语言，而要用隐喻和诗来表达？假如我们不用隐喻和符号，而坦率地说出，我们便无法避开常识。隐喻和符号可以是荒谬无稽的，它们能把不同的意义联结起来，它们也能够同时说出两样东西，而其中之一很可能是虚假的。从其中也可以获得不合逻辑的结论，它们能够被用以引起感觉，而且我们在日常生活中又常会发现它。当我们想纠正别人时，我们会说："别孩子气了！"我们会问："干吗哭呢？难道你是女人吗？"当我们运用比喻时，不相干的东西，只要能诉诸感情的东西都会混进来。当一个彪形大汉和一个小个子生气时，他可能会说："你是一条毛毛虫。你只配在地上爬。"用这种比喻，他轻而易举地表现了他的愤怒。

隐喻是相当美妙的语言工具，但是运用它们时，我们却难免要欺骗自己。当荷马描写希腊的军队像猛狮一样纵横于战场上时，他便给了我们一种夸大其词的影像。我们难道相信他愿意正确地说出：那些疲乏、肮脏的士兵是怎样在战场上爬行的？不会的，他要我们把他们想象成猛狮。我们知道他们并不是真正的狮子，但是如果这些诗人描写他们如何气喘如牛、挥汗成雨，他们如何停下来重振士气或躲避危险，他们的甲胄又是如何破旧等等鸡毛蒜皮的细微小节，我们便不会如此地深受感动。运用比喻是为了美，为了想象和为了幻想。然而，我们却必须提醒：对一个拥有错误生活意义的人而言，运用隐喻和符号永远是件危险的事。

一个学生面临着一场即将到来的考试，这个问题非常单纯，他必须鼓起勇气，凭借常识，全力以赴。但是假使他的生活方式使他想临阵脱逃，他可能梦见自己正在打一场战争。他把这个单纯的问题用相当复杂的隐喻描绘出来，然后他便有充分理由可以害怕了。或者他会梦到自己正站在悬崖边缘，如果不向后退缩，便有摔得粉身碎骨的可能。他必须创造出某种心境来帮他躲开考试，因此他使用悬崖来比拟考试以欺骗自己。在这个例子中，我们还发现了在梦中经常使用的另一种方法。这就是把一个问题拿来，加以节缩精炼，直至只剩下原来问题的一部分，然后用隐喻的方式把剩余部分表现出来，并把它当作原来问题来处理。例如，另外一个学生可能比较勇敢而有远见，他希望能完成工作，并通过考试。然而，他仍然希望能获得支持，仍然希望能重新肯定自己——他的生活方式要求这些东西。考试前的一个晚上，他梦见自己站在一个山巅上。他所处情境的这幅景象是非常简单的。他全部的生活环境只有很小的一部分表现出来。

对他而言，他的问题是非常重大的，但是它的许多方面都被排除掉了，剩下的是他集中注意于成功的瞻望上，这样他便激起了有助于他的感觉。次日清晨，他起床时觉得精力充沛，心情愉快，而勇气更胜往昔。在减轻他必须面临的困难方面，他已经成功了。可是尽管他重新肯定了自己，事实上他仍然是欺骗了自己。他不是用常识的方式，全心全意地面对整个问题，而只是引起了一种自信的心境而已。

这种心境的引起是非常平常之事。一个人要跳过小溪流之前，可能要先数一、二、三。难道数一二三真的是这么重要么？在跳过溪流和数一二三之间是否真的有必要的关系存在？不是的。它们一点关系也没有。他数一二三，只不过是要引起他的心境，并集中他的力量而已。在人类的心灵中，已经预存有执行生活方式，并使之固定和加强的各种方法，最重要的方法之一就是激发起心境的能力。我们夜以继日地从事此种工作，但是它出现得较为明显的，则可能是在夜间。

让我举个例子说明，我用自己的梦来欺骗自己的方法。战争期间，我是一间收容精神病战士医院的院长。当我看到无法作战的士兵时，我总是尽可能地给他们做简单的工作，设法让他们轻松。他们的紧张很明显地消失了，这种方法是相当成功的。有一天，一个士兵来找我，他是我所看过体格最健壮者之一，但是却显得非常沮丧。当我检查他的时候，我拿不定主意该对他采取何种措施。当然，我是希望把每一个来看我的士兵都送回家，但是我开的诊断书全部要通过一位高级军官的认可。因此，我的慈悲也就无法任意施舍了。要在这个士兵的个案中作决定，并不是容易的事。最后，我终于说："你患了精神病，但是身体却很强健，我会让你做轻松的工作，这样你就不必上前线了。"

这个士兵可怜兮兮地说道："我是个穷学生，我要靠教书来养活年老的父母。如果我不能教书，他们就要挨饿，我不养他们，他们就要饿死了。"当时，我想我应该帮他找个更轻松的工作——送他到军事机关中做事。但是，我生怕我开的诊断书如果真的这样写，那位高级军官一定会冒火，再把他送上前线。结果，我决定尽自己所能地照实填写，我证明他只适合于防卫性的工作。当我晚上回家睡觉时，我便做了一个噩梦。我梦见我是个凶手，一面在黑暗的狭巷中奔跑，一面在想我到底杀了谁。我记不起是谁，但是我觉得："因为我犯了谋杀罪，我完了。我的生命已经完了。什么事情都完蛋了！"因此，在梦中，我呆若木鸡，冷汗直流。

醒来后，我的第一个念头是："我杀了谁？"我马上便想起："假如我不把那个年轻士兵安置在军事机关中服务，他可能会被送上前线而阵亡。那么我就成了凶手。"你可以看到我如何激起一种心境来欺骗我自己。我不是凶手，如果这种不幸真的发生了，我也没有罪。但是，我的生活方式却不容许我冒这个险。我是医生，我的责任是挽救生命，不是陷之于危险之地。我再度想起：假使我给他一份轻松的工作，那位军官可能送他上前线，这样会把情况搞得更糟。我终于拿定主意：假若我要帮助他，唯一该做的事情就是遵从常识的判断，并且不扰乱我的生活方式。因此，我还是证实了他只适合防卫工作。以后发生的事情证明：遵从常识总是上策的。那位军官看了我开的诊断书后，把它往桌上一扔，我想道："现在他要送他上前线了。到底我是应该写明派他到机关去工作的。"但是，他却批道："军事机关服务 6 个月。"最后，我才明了：原来那位军官受了贿赂，有意要调他到轻松的单位。那个年轻人从来没教过书，他说的也没有一句实话。他编那个故事，只是要让我证明他只能做轻松工作，以便那位军官能在我开的诊断书上下批示。从那天起，我再也不轻易受梦的左右了。

梦的目的是在欺骗我们自己，并使我们自我陶醉，这件事情能说明它们为什么那么难以了解。如果我们了解了梦，它们便不能欺骗我们。它们也不能再影响我们的心境和情绪。我们将宁可按照常识来应付问题，不愿再接受梦的启示。假如梦都被了解了，它们的目的也丧失掉了。梦是当前现实问题和生活方式之间的桥梁，本来生活方式应该是不需要再加强的，它应该和现实直接接触。但是，梦虽然有许多种不同的变化，每一个梦却都表现出：依照个人面临的特殊情境，他觉得自己生活方式的那一方面需要再加强。因此，对于梦的解释都是属于个人的。我们不可能用一般的公式来解释符号和隐喻，因为梦是生活方式的产品，是从个人对他所处特殊情境的解释中得来的。本文中，当我大略地描述几种典型的梦时，并无意要提出解释梦的秘诀，我只是想利用它来帮助我们了解梦和它的意义而已。

V. 常见的梦及案例分析

有许多人做过飞翔的梦。这种梦的关键和其他的一样，在于它们所引起的感觉。它们留下了一种轻快和充满勇气的心境。它们把人由下带到上。它们把克服困难及对优越感目标的追求视为轻而易举之事。因此，它们还能让我们推测一个勇敢的人，他高瞻远瞩，雄心勃勃，即使在睡眠中，也不愿放下他的野心。它们包含了一个问题："我是否应该继续向前？"和一个答案："我的前途必定是一往无阻的。"

很少人没有做过由高处摔下的梦。这是非常值得加以注意的。它表示这个人的心灵保守并担心遭受到失败，而不是全心全力要克服困难。当我们记起：我们传统的教育就是警告孩子，要他们保护自己时，这种梦便很容易了解了。孩子们经常受到告诫："不要爬上椅子！不要动剪刀！不要玩火！"他们总是被包围在这种虚构的危险之中。当然，有些危险是真实的，但是把一个人弄得胆小如鼠，是不能帮助他应付危险的。

当人们经常梦见自己不能动弹或赶不上火车时，它的意思通常是："如果我自己不费丝毫力量，这个问题便能安然度过，那我一定很高兴。我必须绕道而行。我必须迟到，免得再看到这个问题。我要等火车开走。"

有许多人梦见过考试。有时，他们会很惊讶地发现，他们竟然会年纪这么大才参加考试，或他们很久以前便已经通过的一门科目，现在又考试通过了。对某些人这种梦的意义是："你还没有准备好要面对即将到来的问题。"对另一些人，它可能意指："你以前曾经历过这种考试，现在你也必须通过你眼前的这场考验！"一个人的符号和另一个人的绝对不会相同。关于梦，我们必须首先考虑的是它遗留下来的心境以及它和整个生活方式之间的关系。

案例一

有一位32岁的精神病患者曾经来找我，要求治疗。她在家中排行第二，而且也像大多数次子一样地很有野心。她总是希望自己得到第一，并尽善尽美，毫无瑕疵地解决自己的所有问题。她爱上了一个年纪比她大的已婚男人，而她所爱的人在事业中却是一败涂地。她希望和他结婚，但是他又无法和原配离婚。后来，她梦见当她住在乡下的时候，有一个男人向她租公寓。他搬进来后不久便结婚了。他不会赚钱，也不是个正直或勤勉的人。由于他付不起房租，她只好迫他迁出。显然，我们便能看出这个梦和她现在的问题有某种关联。她正在考着她是否要跟一个事业失败的人结婚。她的情人很穷，而且无法资助她。更能加强她担忧的事是，他曾经请她吃晚餐，但却没有足够的钱付账。这个梦的效果是引起反对结婚的心境。她是个野心勃勃的女人，她不希望和一个穷男人联结在一起。她用了一个比喻来问她自己："如果他租了我的公寓，而付不起房租，对这样的房客，我该怎么办？"回答是："他必须马上离开。"

然而，这个已婚男人并不是她的房客，他们可能无法互相比拟。不能供养家庭的丈夫和付不起房租的房客也不完全相同。可是为了要解决她的问题，为了要更安稳地遵循她的生活方式，她给了自己一种感觉："我不能和他结婚。"用这个方法，她避免以常规的方式来处理整个问题，而只选出其中的一小部分。同时，她把爱情和婚姻的整个问题缩小到似乎它们能够表现在这个隐喻中："一个男人租了我的公寓，如果他付不起钱，他就要滚蛋。"

案例二

由于个体心理学的治疗技术始终是指向增加个人应付生活问题的勇气。我们不难了解：在治疗的过程中，梦会发生改变，而显现出较有自信的态度。一个忧郁症患者在痊愈前所做的最后一个梦是："我一个人独自坐在板凳上。突然暴风雨来了。我急忙跑进我丈夫的屋子里去，因此，我很幸运地避开了。然后我帮着他在报纸的广告栏中找寻适当的职位。"这位病人自己也能够解释这个梦。它很明显地表现出她和丈夫言归于好的感觉。起先，她很恨他，尖刻地指责他的软弱和缺乏改善生活的上进心。这个梦的意义是："和我的丈夫在一起，还是比我单独一个人承担风险来得好。"虽然我们也许会同意这个病人对她环境的看法，可是她使自己迁就于丈夫和婚姻的方式，仍然隐隐透露出怨偶惯有的不平之鸣。她过分强调了单独生活的危险，而且还不能勇敢而独立地和丈夫合作。

案例三

一个10岁的男孩子被带到我的诊所来。他学校的老师指责他用卑鄙的手段陷害其他同学。他在学校里偷了东西，放在别的孩子的抽屉里，来害他们受处罚。这种行为只有在一个孩子觉得有让别人低于自己水准的需要时，才可能发生。他要羞辱他们，证明他们是卑鄙下流的，而不是他自己。如果他的想法确是如此，我们可以猜测：这必然是在家庭圈子中训练出来的，他的家中必定有某个人是他希望加以陷害的。当他10岁的时候，他曾经向街上的一位孕妇扔掷石头，而惹起了麻烦。他可能在10岁之龄便已经知道怀孕是怎么一回事了。我们还能推测：他可能不喜欢怀孕。我们难免要猜想：是否有小弟弟或小妹妹的降生使他觉得不开心？在教师的报告上，他被称为"害群之马"，他跟同学们捣蛋，给他们取外号，打他们的小报告。他追赶小女孩，甚至打她们。现在我们大致可以猜测：他有一个和他互相竞争的妹妹。

后来,我们得知:他是两个孩子中的老大,有一个4岁的妹妹。他的母亲说他很喜欢他的妹妹,而且一直对她很好。我们很难轻信这种话:这样的男孩子是不可能喜爱妹妹的。以后,我们还要追究我们的怀疑是否正确。这位母亲还说:她和她丈夫之间的关系是很理想的。这对于这个孩子真是件憾事。很明显,他的父母对他所犯的任何错误都没有什么责任,它们是出自他邪恶的本性,出自他的命运,或出自他远代的祖先。我们经常听到这种理想的婚姻,这样优秀的父母和这样混蛋的小孩。教师、心理学家、律师和法官都是这种不幸的见证人。事实上,"理想"的婚姻对小孩子而言,可能是非常刺眼之事:假使他看到妈妈向爸爸献殷勤,他可能会觉得十分恼火。他要独占他母亲的注意,他不喜欢她对任何其他人有情感的表示。假使美满的婚姻对孩子不好,而不完美的婚姻对孩子更糟,那么我们该怎么办呢?我们必须使孩子和前者合作,我们必须把他真正地带入婚姻关系中。我们应该避免让他只依附于双亲之一的身上。我们考虑的这个孩子可能是个被宠坏的孩子,他要吸引母亲的注意力,他学会当他觉得自己受到的关怀不够时,就要惹麻烦,来达到他的目的。

我们马上就发现这种见解的证据了。这位母亲从来不自己责罚这个孩子,她总是等父亲回来惩罚他。也许她心软,觉得只有男人才配发号施令,只有男人才有力量处罚别人。也许她希望这个孩子依附着她,并生怕失去了他。无论如何,她把孩子训练得对父亲没兴趣,不愿和他合作,并且经常和他发生摩擦。我们还听说:他的父亲虽然全心全力地照顾着他的家庭,但是由于这个孩子,他在一天工作结束之后,总是不想回家。他很严厉地责罚他,并常常鞭打他。据说,这个孩子没有因此而憎恨他的父亲。

这也是不可能的，这个孩子并不是低能儿童。他已经学会要怎样巧妙地隐藏起他的情感。

他喜欢他的妹妹，但是并不和她好好一起玩，他时常掴她耳光或踢她。他睡在餐厅的沙发上：他的妹妹则睡在父母房间中的一张小床上。现在，假使我们设身处地地替这个孩子着想，假使我们的心情和他一样，父母房间中地那张小床也会使我们感到难过。他要占有母亲的注意，可是在晚上他的妹妹却和母亲靠得这么近。他必须设法让她亲近自己。这个孩子的健康情形非常良好：他出生时很顺利，哺食母乳达7个月。当他初次改用奶瓶哺食时，他呕吐了。以后，他的呕吐断断续续发生，直到3岁。大概他的肠胃不太好。目前他饮食正常，营养也相当良好，但是他对自己肠胃的兴趣犹存，他把它当作是自己的弱点。现在，我们可以更了解他为什么要向孕妇扔石头了。他对于饮食非常挑剔。他不喜欢家里的饭食，他的母亲给他钱，让他到外面买自己喜欢吃的东西。然而，他还是对邻居们到处宣扬：他的父母没有给他足够的东西吃。这一类的把戏他已经演练多次了，他恢复优越感的方法就是诋毁别人。

现在，我们已经可以了解：他到诊所来时所说的一个梦了。“我是西部的牧童，”他说：“他们把我送到墨西哥，我自己再打开血路，回到美国。有一个墨西哥人想来阻拦，我就在他肚皮上踢了一脚。”这个梦的意义是：“我被敌人四处包围。我必须努力奋战。”在美国，牧童被当作英雄人物一样崇拜，他以为追赶小女孩或踢别人的肚皮都是英雄作风。我们已经看到，肚子在他的生活中，扮演了重要的角色——他把它当作容易受伤的要害。他自己曾经受到肠胃不良之苦，而他的父亲也患有神经性胃病，常常在抱怨胃不舒服。在这个家庭中，胃已经被升至最重要的地位了。这个孩子的目标是攻击别人的最弱点。他的梦和他的动作都丝毫不差地表现出同样的生活方式。他生活在梦里面，如果我们无法弄醒他，他会继续用同样的方式生活下去。他将不仅和父亲、妹妹、小男孩、小女孩发生争斗，还会向想阻止他作这种争斗的医师宣战。他梦想式的冲动会刺激他继续设法成为英雄，征服别人，除非他觉悟他是在欺骗自己，此外便没有哪种治疗能帮助他。

在诊所里，我们向他解释了他的梦。他觉得自己生活在敌国里，每一个想惩罚他、把他带回墨西哥的人，都是他的敌人。下一次，他再到诊所来时，我们问他："从上次我们见面以后，发生了什么事没有？""我做了坏孩子。"他回答道。"你做什么事了？""我追赶了一个小女孩。"这种说法不仅是坦白而已，它是一种夸口，一种攻击。他知道，这里是医院，这些人想改变他，所以他坚持他仍然是坏孩子。他似乎在说："别想改变我，我会踢你的肚皮！"我们该拿他怎么办呢？他仍然做梦，仍然扮演着英雄。我们必须先消除他由这个角色所获得的满足。"你难道相信，"我们问他，"英雄真的只会追小女孩吗？这种英雄作风岂不是太蹩脚了？如果你要当英雄，你就该去追大女孩子！要不然你就根本不要追赶女孩！"这是治疗的一方面。我们必让他认识清楚，不要再急着想继续这种自讨苦吃的生活方式，以免将来后患无穷。另一方面是要鼓励他合作，让他发现生活中有用的一面的重要性。除非一个人害怕：采用了生活中有用的一面，会遭受到挫败，但他是不会固守在无用的一面的。

案例四

一个单身，从事秘书工作的24岁女孩子，抱怨她老板那种欺软怕硬的作风，使她觉得忍无可忍，她还觉得无法与人交友或保持友情。经验使我们相信：一个人如果无法与人交友，很可能是因为他希望驾驭别人，事实上，他只对自己有兴趣，他的目标在于表现他个人的优越感。她的老板可能也是这种人。他们两个都想指挥别人。两个这样的人碰在一起，是注定要发生困难的。这个女孩子是家中7个孩子里年龄最小的，也是家里的宠儿。她外号叫“汤姆”，因为她一直想当男孩。这更增加了我们的怀疑：她是否以驾驭别人作为她的优越感目标？她可能以为，只要变得男性化，就能够主宰别人或控制别人，而且自己不受别人控制。她很美丽，但是她认为别人喜欢她，是因为她甜美的脸孔，所以她一直很怕脸孔受到伤害。在我们这个时代，美丽的女孩容易给人深刻的印象，也容易控制别人，这个事实她也知之甚详。然而，她希望当男孩子，并用男性化的方式来驾驭别人，结果她也不曾因她的美丽而感到得意过。

她的最早记忆是被一个男人惊吓过，她承认，现在她仍然很怕受到强盗或疯子的侵袭。一个想要成为男性化的女孩子，竟然会怕强盗和疯子，这件事似乎很奇怪。但是，事实上这并没什么奇怪的。她希望生活在一个她能够随意控制的环境里，对于其他的环境则要尽量避开。强盗和疯子是她无法控制的，因此她但愿他们能彻底地消失掉。她希望不费吹灰之力地变得男性化，假使失败了，便装聋作哑，视若无睹。由于对女性角色的深刻不满，在她们的“男性宣言”中，都存有浓重的火药味道——“我是男人，我要击垮身为女人的种种不利！”

让我们看看：在她的梦中，是否也能看到同样感觉的迹象。她经常梦见自己一个人独处。她是个被宠惯的孩子，她的梦意指：“我必须受人照顾。让我孤零零一个人是很不安全的。别人会欺负我、攻击我。”另外一个她常常做的梦是她的脉搏停止了。她的意思是说：“小心！你有丧失掉东西的危险！”她不愿意自己失掉任何东西，她尤其不愿意失掉控制别人的力量，可是她只选了生活中的一件东西——脉搏停止——来代表这整个事情。这个例子还可以说明：梦如何创造出感觉来加强生活的方式。她的脉搏并没有停止，但是她梦见它停止了，这种感觉便留了下来。她还有一个比较长的梦，更能帮我们看清她的态度。“我到一个游泳池去游泳，那里有许多的人，”她说，“有些人注意到我站在他们的头顶上。我感到有人尖叫，并紧盯着我。我摇摇欲坠，似乎有摔下来的危险。”假使我是个雕刻师，我会这样地刻绘她：站在别人头上，把别人当作踏板。这是她的生活方式，也是她喜欢引起的感觉。然而，她发现她的地位并不安稳，她以为别人也会体会到她的危险，他们应当小心地照看着她，这样她才能继续站在他们头上。在水中游泳时，她是很不安全的。这是她生活的全部故事。她已经固定下她的目标：“尽管我是女孩子，我还是要当男人！”她像大部分幺儿一样野心勃勃，但是她要的是表面上的优越，而不是要使自己获得适当的处境，而且她也始终生活在恐惧失败的威胁之下。如果我们要帮助她，我们应该找出方法来使她安分守己地扮演女性的角色，消除她对异性的恐惧和高估其价值，并以平等而友善的态度对待其友伴。

案例五

另外一个女孩子，当她 13 岁时，她的弟弟在一次意外事件中死掉了。她说她的最早记忆是："我弟弟开始学走路的时候，他攀住一张椅子想站好，椅子倒了，压在他身上。"这是一次意外事件，我们可以看出：她是深刻地感到这个世界中的种种危险。"我最常做的梦，"她说："是非常奇怪的。我经常单独一个人在街上走着，街上有一个我看不见的大洞，往前走时，我便掉进洞里，洞里充满了水，一碰到水，我就打个冷战，醒过来，心脏跳得好厉害。"我们会发现，这个梦并不像她所想象的那么奇怪，但是假使她继续受到它的惊吓，她必定会依旧以为它是神秘难解的。这个梦告诉她："小心！世上有许多你所不知道的危险！"然而，它的意思还不仅止于此。假使你的地位卑微，你就不可能再摔下。如果她有摔下的危险，她一定觉得自己高人一等。因此，在这个例子里，她似乎还说："我超于别人之上，但是我必须小心，以免跌下来！"

案例六

在另一个例子中，我们亦将看到：生活方式会在最初的记忆和梦中发生作用。有个女孩子告诉我们："我很喜欢看人家建造房子。"我们猜测：她是很合作的。一个小女孩当然不能参加造房子的工作，但是从她的兴趣中，可以看出她喜欢分担别人的工作。"那时，我是个小娃娃，站在一扇很高的玻璃窗前，那些窗子的玻璃方格，仍然像昨天刚见过一样地历历在目。"如果她注意到窗子很高，她在心中必然已经有高和矮的对比关系。她的意思是："窗子很大，而我很小。"事实正如我所料，她的个子很小，所以她才会对大小的比较这么感兴趣。她说她这么清楚地记得这件事，也是一种夸口而已。现在，让我们讨论她的梦：“我跟好几个人一起坐在一辆汽车里。”正如我们想象的：她很合作，喜欢和别人在一起。“我们开车疾驶，一直开到丛林前面才停下来。大家都下车，跑进树林里面去。他们大多长得比我高大，”她又再次注意到大小之别，“但是我却要他们赶去搭乘电梯，它开进了一个10尺深的矿坑里面。我想，如果我们走出去，一定会瓦斯中毒。”大部分的人都会畏惧某种危险，人类并不是十分勇敢的。“后来，我们很安全地出去了。”你可以看到这种乐观的态度。一个人如果是合作的，他必定也是勇敢、乐观的。“我们在那里逗留了几分钟，然后再上来，很快地跑向汽车。”我相信：这个女孩子始终是乐于合作的，但是她却希望自己再长得高大一点。我们可能发现她有某种紧张，例如要踮起脚尖走路等等。但是她对别人的喜好和对共同成就的兴趣，却已经足以使这种紧张消逝于无形了。

六 家庭的影响

I. 母亲的影响

从降生之时起，婴孩就想要把自己和母亲联系在一起。这是他各种动作的目标。在最初几个月中，母亲在他的生活里扮演了最重要的角色，他几乎是完全依赖在她身上。他合作的能力就是在这种情境下最先发展出来的。母亲是婴孩第一个接触到的人类，也是除了他自身外，最先使他感兴趣的人。她是他通往社会生活的第一座桥梁，一个完全不能和母亲（或另外某一个代替母亲地位的人类）发生联系的婴孩，必定会走上灭亡之途。

这种联系不仅非常密切，而且影响深远，结果便是在以后的岁月里，我们就无法指出他的哪些特征纯粹是出自遗传的结果。每一种可能是得自遗传的倾向，都已经被他的母亲修正、训练、教育而改头换面过了。她的技巧是否优良，影响了孩子的所有潜能。所谓母亲的技巧，我们指的是她和孩子合作的能力以及她使孩子和她合作的能力。这种能力是无法用教条来传授的。每天都会产生新的情境，其中有千万点都需要应用她对孩子的领悟和了解。她只有真正对孩子有兴趣，而且一心一意要赢取他的情感，并保护他的利益时，才会有这种技巧。

在她的各种活动之中，我们都能看出她的态度。每当她抱起她的娃娃，四处走动，对他喃喃作语，替他洗浴或喂他食物时，她都有使他和自己发生联系的机会。如果她对自己的工作训练不够，或对它们缺乏兴趣，她势必会动作粗野，引起孩子的反感。如果她没有学会怎样帮孩子洗浴，他会感到洗澡是件不愉快的事情，不但不和她产生亲密的联系，反倒会设法逃避她。她安置孩子上床的方式，她的一举一动，她的一颦一笑，都必须非常巧妙，她照顾他或让他独处的技巧，也必须恰到好处。她必须顾虑他的整个环境——新鲜的空气，房间的温度，营养的状况，睡眠的时间，身体的习惯以及整洁等等。在每个小地方，她都供给了孩子一个喜欢她或讨厌她、愿意合作或拒绝合作的机会。

在母道[①] 的技巧之中，并没有什么神秘的力量。所有的技巧都是长期训练和兴趣培养的结果。母道的准备在生命的早期便已经开始了。从一个女孩对比她年幼孩子的态度以及她对婴儿和她未来工作的兴趣，便可以看出母道的第一步。对男孩和女孩都施予同样教育，让他们以为将来他们要从事完全相同的工作，这种教育方法并不可取。假如我们希望培养出很有技巧的母亲，我们

①母道：为母之道。道，指道德、天性、天职等。——编者注

必须教女孩子以母道，让她们喜欢当母亲，把母亲的工作视为一种创造性的工作，而且在以后的生活里，当面临自己所要扮演的角色时。不会感到失望。

很不幸，在我们的文化中，女性母道部分的价值却被视为是微不足道的。假使人们重男轻女，假使男性的角色占有较优越的地位，自然而然地女孩子会不喜欢她们未来的工作。没有人会对居于臣属的地位而感到满足的。这样的女孩子结了婚，即将拥有自己子女的时候，她们会以各式各样的方式来表现她们的抗拒。她们不愿意、也不准备养孩子，她们不期望孩子的到来，也不觉得养育孩子是件有趣的创造性活动。这可能是我们最大的社会问题，可是却很少有人正视它。人类的整个社会都维系于女性对母道的态度。然而，几乎在每一个地方，女性在生活中的地位都被低估，而且被认为是次要的。即使在童年时期，男孩子们也常常把家务事看作是仆役的工作，似乎他们的尊严不容许他们插手帮助家务。人们常常不把整理家务当作是女性的一大贡献，而视之为贬抑女性的一种苦役。如果女人真正能够把家事看作是一种艺术，从中获得乐趣，并能丰富她家人的生活，她就能够使它成为比世界上任何其他职业都不逊色的工作。反过来说，假使人们把它当作是男人不做的下贱工作，那么女人必定会抗拒她们的工作，反抗它们，并设法证明（其实这是很明显的事实，根本无需证明）：男女是平等的，她们应该被赋予发展她们潜能的机会。潜能必须经由社会感觉才能够发展出来，社会感觉会将它们导向正途，使它们在发展时，不会受到外来的限制。

只要女性的地位受到歧视，整个婚姻生活的和谐必然会毁坏无遗。认为对孩子的兴趣是一种低下工作的女人，绝对无法学会要给予孩子一个好的开始所需要的技巧、关心、了解和同情。对自己的女性角色不满意的女人，她生活的目标会阻止她和自己的孩子作亲密的联系，她的目标和孩子们的目标并不一致，她经常念念不忘要证明她个人的优越，为要达成这个目标，孩子们便成了碍手绊脚的累赘。如果我们追究在生活中失败的许多个案，我们几乎都会发现：它们是由于母亲没有适当地尽到责任，她没有给孩子好的开始。假使母亲们都失败了，假使她们都不满意她们的工作、对孩子也毫无兴趣，那么人类全体都将陷入危险之地。

然而，我们却不能认为母亲是失败的罪魁，她们没有罪。也许母亲本身就没有人曾教以合作之道。也许她在她的婚姻生活中是抑郁不快的。良好家庭生活的发展，有形形色色的各种阻碍。假如母亲病了，她可能希望和孩子们合作，但是却心有余而力不足。假如她到外面上班，当她回家时，可能已经筋疲力尽。假如经济状况欠佳，供给孩子们的食物、衣着、居处，都可能因陋就简。还有，决定孩子行为的并不是她的经验，而是她从经验中获得的结论。当我们在研究问题少年的自述时，我们能够看到他和母亲之间的关系有困难存在，但是在素质良好的儿童之间，我们也能够看到同样的困难。在此，我们应该回顾个体心理学的基本观点。特征的发展并没有什么理由，可是儿童为了自己的目的，却会利用他们的经验，来作为理由。例如，我们无法断言：营养不良的儿童一定会变成罪犯，我们必须看他从他自己的经验中，获得了什么样的人生观。

我们很容易了解：假使一个女人对她身为女性的角色感到不满，她会招致许多困难和紧张。我们都知道母道的奋斗力量。许多研究都指出：母亲保护儿子的倾向，比其他的各种倾向都要来得强烈。在动物之间（例如在老鼠和猿猴之间），母道的驱力已经被证实较性或饥饿的驱力为强。如果一个母亲必须在上述几种驱力之中选择一种，最占优势的必定是母道的驱力。这种力量的基础并不是性，它出自合作的目标。母亲常常觉得她的孩子是她自身的一部分。由于她的孩子，她才和生活的整体紧密联系，她才觉得自己是生与死的主宰。在每位母亲的身上，我们多多少少都可以发现一种感觉，认为经由她的孩子，她已经完成了一件创作的作品。我们几乎可以说：她觉得她是像上帝一样的——从一无所有中创造出活着的生命。事实上，对母道的追求就是人类对优越地位——成为神圣的目标——追求的一种表现。这是一个最清楚的例子，它让我们明了：为了人类的缘故，我们如何以最深刻的社会感觉，把优越感目标应用于对别人的兴趣上。

母亲当然可能把孩子是她自身一部分的感觉加以夸大，并强迫性地利用他来达成她的优越感目标。她可能设法让孩子完全依赖在她身上，并控制他，使他永远逗留在她的身边。让我举一个70岁农妇的个案为例。她的儿子在50岁之龄，仍然和她住在一起。而且他们两人都同时患了急性肺炎。母亲安然度过危险期，儿子送到医院后，却死掉了。当母亲知道儿子的死讯后，她说道："我早就知道我没法把这个孩子带大的。"她觉得她应该负责她孩子的一辈子。她从来没打算要使他成为社会生活的一部分。我们可以开始明了：当一个母亲没有设法扩展她的孩子和别人的联系，并教导他和环境中的其他人平等地合作时，她是犯了多么严重的错误！

母亲和外界的种种关系并不是很简单的，她和孩子的联系不应该被过分强调。不管是为了母亲还是为了孩子，这一点都必须特别加以注意。过分强调一个问题，其他的问题都会被忽视。即使我们遇到的是一个简单的问题，如果我们稍稍加以重视，也会应付得比漫不经心来得好。和母亲发生关联的，有她的孩子，她的丈夫，以及围绕着她的整个社会生活。这三种联系必须给予相等的注意。她必须凭借常识，冷静地面对这三者。假使母亲只考虑她和孩子们的联系，就难免会宠坏他们。她会使他们很难发展出独立性以及和别人合作的能力。在她使孩子和她自己成功地联系上后，她的第二个工作是把他的兴趣扩展到他父亲身上。然而，假使她自己对这位父亲缺乏兴趣，这项工作几乎就不可能完成。以后，她还要使孩子的兴趣转向环绕着他的社会生活，转向家里其他的孩子，转向朋友、亲戚和平常的人们。因此，她的工作是双重的：她自己必须给予孩子一个可信赖人物的最初经验，然后她必须准备将这种信任和友谊扩展开，直到它包括整个人类社会为止。

如果这位母亲只专心要使孩子对她自己有兴趣，以后，他会憎恶所有想使他对别人发生兴趣的企图。他总是寻求母亲给他支持，对于认为能分取母亲关怀的竞争者，则满怀敌意。她对她的丈夫或家庭中其他孩子表现出的关切，都会被他认为是对自己权益的剥夺。这个孩子会发展出一种观点：“我的母亲属于我，不属于其他任何人。”现代的心理学家大多误解了这种情况。例如，在弗洛伊德学派的俄狄浦斯理论中，假设孩子有一种倾向，要爱恋上母亲并希望和她结婚，憎恨父亲并想要杀死他。如果我们了解孩子的发展，这种错误就不可能发生。俄狄浦斯情结只产生在希望占有母亲全部注意力，并逃避其他人的孩子身上。这种欲望与性无关。它是一种支配母亲的欲望，它要完全控制她，使她成为奴仆。只有被母亲骄纵，并且对世界上的其他人没有同胞感的孩子，才会有这种欲望。在非常少数的例子里，始终只和母亲联系在一起的男孩子，会把她当作解决自己爱情和婚姻问题的对象，但是这种态度的意义是：他除了母亲之外，就无法想出有任何人肯和他合作的。他不相信其他的女人能够成为和母亲一样的臣仆。因此，俄狄浦斯情结是由于教育错误所造成的人工产品。我们不需假设由遗传得来的乱伦本能，也不必想象这种变态的本源和性有什么关联。

一个被母亲系缚在身边的孩子，一旦进入一个不再和她联系在一起的情境，麻烦就开始发生了。例如，当他到学校去或在公园里和其他孩子一起玩时，他的目标仍然是要和他的母亲联系在一起。不管什么时候，他都不愿和她分离。他希望永远把妈妈拖在身边，占住她的思想，并使她关心他。他能够用的有许多种方法。他可能变成妈妈的心肝宝贝，永远软弱，撒娇，以博取同情。他可能动不动就哭泣或害病，来表示他是多么需要被照顾。在另一方面，他也可能时常动怒，他可能不服从母亲或和她争执，来赢取她的注意。在问题儿童之中，我们发现了各式各样被宠坏的儿童，他们挣扎着要获取母亲的注意，并抗拒由环境变化带来的每一种要求。

孩子很快就会熟练地找出哪种方法最能够有效地吸引母亲的注意力。被宠坏的孩子通常都害怕单独一个人被留下，尤其是单独留在黑暗中。他们害怕的并不是黑暗本身，他们是利用害怕来使母亲跟他们更亲近。有这样一个被宠坏的孩子，在黑暗中，总是哭闹不休。一天晚上，当他的妈妈应他的哭声而来时，她问他：“你为什么害怕呢？”“因为很黑。”他回答道。但是他的妈妈现在看破他行为的目的了。“难道我来了后，”她说道：“就不黑了么？”黑暗本身并不重要。他对黑暗的害怕意识只是源于他不喜欢和母亲分开。假使这样的孩子和母亲分开了，他会运用他所有的情绪，所有的力量，所有的心智能力，来造成她的母亲必须和他亲近，并且再和他联系在一起的情境。他可能用尖叫、用呼喊、用无法睡眠或用故意和自己过不去的其他方法，来叫她过来。教育家和心理学家最常注意到的一种现象是害怕。在个体心理学中，我们不再关心着要找出害怕的原因，而是要分辨出它的目的。所有被宠坏的孩子都会害怕某些东西：他们利用他们的害怕来吸引注意，结果就把这种情绪构成为他们生活方式的一部分。他们利用它来获得和母亲重新紧密地联系。胆小的孩子一定是被宠惯的孩子，而且他还想继续受宠。

有时，这些被宠坏的孩子会害梦魇，并且在睡眠中大哭出声。这是一种众所皆知的病征，但是只要睡眠被认为是和清醒互相对立的状态，它就不可能被了解。然而，这是错误的，睡眠和清醒并不互相对立，他们是同一种东西的变异。在他的梦里，孩子行为的方式和他清醒时大致是相同的。他想改变情境使之符合自己利益的目标，以此影响他的整个身体和心灵。在经过训练和经验之后，他会找出达到其目标最有效的方法。即使在睡眠中，和他目标符合一致的影像和记忆也会进入他的心灵。一个被宠坏的孩子，在几次经历之后，发现：如果他想再和母亲在一起，能够吓坏自己的思想和行为是非常有用的。即使他们长大了，被宠坏的孩子仍然会保存他们那充满焦虑的梦。在梦中被吓坏是获取注意百试百灵的工具，现在它已经成了机械式的习惯。

这种焦虑的利用是很普遍的，假使我们听到哪个被宠坏的孩子在睡觉中从来不惹麻烦，那才是奇怪的事。吸引注意的把戏种类是非常繁多的。有些孩子发现他们的睡衣很不舒服或吵着要喝水；有些会怕强盗或野兽；有些孩子除非他们的父母坐在床边，否则他们就无法入睡；有些会做噩梦，有些会跌下床，有些会尿床。我治疗过一个在夜间似乎从来不惹麻烦的被宠坏的孩子。她的母亲说她睡得很甜，不做噩梦，不半夜醒来，完全没有出过乱子。她只有在白天时才惹出种种问题。这真令人感到惊奇。我提出了许多能吸引母亲注意，并使之靠近的病征，但是这个女孩子却一样也没有患上。最后，我终于恍然大悟。“她睡在哪里？”我问她的母亲，“在我的床上。”她回答道。

对被宠惯的孩子而言，疾病是求之不得的事。因为当他们害病时，他们会比往常更受到关心照顾。这样的孩子经常在患过一场疾病不久，才显出问题儿童的行径，乍视之下，仿佛是这场病把他造成问题儿童的。其实这是因为他在痊愈之后，还记得自己患病时受到的宠爱优遇之故。母亲不再像当初那么优宠他了。因此，他便以制造问题来作为报复。有时候，一个孩子会注意到：另一个孩子是如何由患病而成为众人注意中心的，他也希望自己害病，他甚至会亲吻病童，希望能传染到他的身上。

有一个女孩子曾经住过 4 年医院，并且非常受医生和护士们的宠爱。当她回家后，起初她的双亲也很宠爱她，但是经过几个礼拜后，他们的关怀度降低了。假使她要求某件东西，而不能如愿时，她会把指头放进嘴里，说：“我还住在医院里呢！”她提醒别人：她曾经害过病，并且想要再回复到能让她随心所欲的情境。在成人中，我们也能看到同样的行为，他们常常喜欢谈他们的疾病或动过的手术。在另一方面，有时候，曾经让父母大伤脑筋的孩子在一场疾病之后，会恢复正常，不再骚扰他们。我们已经说过：身体的缺陷是孩子们的一种额外负担，但是我们也说过：它们并不足以解释性格上的不良特征。因此，我们不免要怀疑：身体障碍的消失是否对这种改变有所影响？有一个在家中排行第二的男孩子，他说谎、偷窃、逃学、残忍、不服从，惹出了许多麻烦，他的老师对他束手无策，因此主张应该送他进感化院。正在这时，这个孩子病倒了。他的臂部出了问题，结果在床上呆了半年。当他病愈后，变成了家中最乖的孩子。我们无法相信这场疾病会对他造成这样的效果，很清楚这种改变是由于他认清了以往的错误之故。以前，他一直认为父母偏爱他的哥哥，并觉得自己受到忽视。在患病期间，他发现自己是众人注意的中心，每一个人都照顾他，帮助他。从此，他便大彻大悟地放弃了别人总是忽视他的观念。

假使人们认为要补救母亲们经常造成的错误，最好的方法就是不要让她们照顾孩子，并且把孩子送进幼儿园，让养育员看顾。这种想法实在太可笑了。如果我们要找一个代理母亲的人，我们要找的就是能够扮演母亲角色的人——她自己本身一定要像母亲一样地对孩子们感兴趣。这样还不如训练孩子自己的母亲来得容易些。在孤儿院长大的儿童经常对别人缺乏兴趣，因为没有人能在这些孩子和其他人之间架起人际关系的桥梁。以前，有人曾经对一些在孤儿院长大而发展不太好的儿童做过一项实验。他们找了许多养育员和修女给予这些儿童个别照顾，或把他们安置在私人家里，让家庭中的母亲像对待自己的孩子一般地对待他们。结果显示，只要保姆选择恰当，他们都会有显著进步。养育这种孩子的最好方法，是帮他们找出代替母亲或父亲角色的人，让他们过平常人的家庭生活。因此，假如我们把孩子从父母身旁带开，我们的当务之急也是帮他找寻能够履行父母责任的人。有许多失败者都出自孤儿、私生子、被遗弃的孩子以及婚姻破裂留下的孩子，由这个事实可以看出母亲的温暖和照顾是多么重要。大家都知道继母是非常难当的，因为前妻留下的孩子常常会反抗她们。然而这个问题并非无法解决，我曾经看过很多人成功地化解了这个问题，但是大多数的妇女都不了解这种情境。在母亲死掉之后，孩子可能会转向父亲，并受到他的宠爱。现在，他觉得父亲的关怀被剥夺掉了，因此去攻击他的继母。假如她觉得必须反击，那么孩子可就真的惨了。她可能转而向他们挑战，而孩子的反抗会变本加厉。和孩子的争执必然是一场持久战，他绝不会因为在争执中得胜或失败而妥协。在这些争执中，最软弱的方法才是最有效的。如果硬向他要求某些东西，他必定会拒绝给予。假如我们都能体会到：合作和爱情是绝对无法用武力获取的，那么在这世界中，一定可以避免没有必要的紧张和没有用处的努力。

II. 父亲的角色与责任

在家庭生活中，父亲的地位和母亲的地位同等重要。最初，他和孩子的关系比较不亲密，他的影响也较晚才发生效果。我们已经说过，假使母亲不能把孩子的兴趣扩展到父亲身上可能会造成危险。这种孩子在社会感觉的发展上，可能遭受到严重的阻挠。婚姻不美满的情境，对孩子而言，也是充满危险的。他的母亲可能觉得自己的力量不足以把父亲留在家庭里，因此，她希望完完全全地保住她的孩子。也许父母双方都会为他们私人的利益，而把孩子当作争执的焦点。他们都希望孩子依附在自己身上，爱自己，更甚于爱对方。如果孩子们发现了双亲之间的冲突，他们可能很巧妙地让双亲来争夺他们。结果在父、母之间便产生了一种竞争，看谁最善于管理孩子或谁较宠爱他们。在这种气氛包围下的儿童，是不可能训练出合作之道的。他最先感受到其他人之间的合作，就是父亲和母亲的合作有问题，他们也无法教会他如何合作。而且，儿童对婚姻和异性伴侣最初的概念，也是从他们父母的婚姻中得来的。在不美满的婚姻下长大的儿童，除非他们最初的印象被纠正过来，否则他们对婚姻都会有悲观的看法。即使是在成年之后，他们也会觉得婚姻是注定要成为不幸的。他们设法避开异性，要不然就认定他们对异性的追求不可能获得成功。因此，假如双亲的婚姻不和谐，不能视做社会生活的产品，也不能作为社会生活的准备，那么孩子一定会遭受重大的障碍。婚姻的意义是两个人共同结合以谋求相互间的幸福，他们孩子的幸福以及社会的幸福。如果它在任何一方面失败了，它就无法和生活的要求协调一致。

因为婚姻是伴侣式的结合，所以两个人都不应该想驾驭对方。这一点值得详加讨论，不能只当作老生常谈。在家庭生活的全部行为之中，并不需要应用权威。假使其中有一个成员特别突出或比别人更受重视，那一定非常不幸。如果父亲脾气非常暴躁，而且想驾驭家庭的其他分子，则男孩们对男性应有的作风会培养出错误的观点。女孩子会更受其害，在以后的生活中，她们会把男人想象成暴君，婚姻则会被看作是一种奴役关系或臣属关系。有时候，她们会以性欲倒错的方式，企图避开异性。假使母亲较富于权威性，整天对家里的其他人唠叨，这种情势会倒转过来。

女孩子们可能模仿她，变得刻薄而好挑剔。男孩子则始终处在防御的地位，怕受批评，尽量寻找机会表现他们的恭顺拘谨。有时候，不仅母亲是暴君，姐姐、姑姑都会加入管束他的阵营。结果，他会变得保守，畏缩不前，不敢参加社交活动。他害怕所有的女性都有这种唠唠叨叨、吹毛求疵的态度，因此他希望对全体女性一律敬而远之。没有人喜欢受批评，但是假使一个人把逃避批评作为生活的中心点，那他跟社会的各种关系都会受到干扰。他参与每件事情的时候，都会遵照他的感觉来加以推断："我是征服者，还是被征服者？"这些人把和别人的关系当作是决定胜负的场所，他们自然不可能知道友情为何物。

父亲的任务可以用几句话来做一总结。他必须证明他自己对妻子、对孩子，以及对社会都是一个好搭档。他必须以良好的方式应付生活中的三个问题——职业、友谊和爱情。他必须以平等的立场和妻子合作，以照顾并保护他们的家庭。他不可忘记，妇女在家庭生活中所占的创造性地位是不容贬低的。他的责任不是贬低母亲，而是和她一起工作。尤其在金钱方面，我们应该特别强调，即使经济来源是由他供给的，它仍然是共同的财产。他绝不应表现得好像他在施舍，其他人则在收受。在理想的婚姻中，男主人供给金钱只不过是家庭中分工合作的结果而已。有许多父亲利用他们的经济地位作为统治家庭的理由。在家庭中不应有统治者，每一个能结成不平等感觉的机会都应该设法避免。每一位父亲都应察觉到：我们的文化过分强调了男性的优越地位，结果他的妻子在和他结婚之后，便深怕自己会受到贬低而被置于低下的地位。他应该知道：不能只因为他的妻子是女性，不会像他一样赚钱养家，便以为妻子不如自己。无论妻子对支持家庭的经济是否出过一臂之力，如果家庭生活是真正和谐的，那么谁赚钱或谁应该负担家庭，都不应成为问题。

父亲对孩子的影响非常重大。许多儿童在一生之中都把他们的父亲当作偶像崇拜，另外一些则被视为最大仇敌。处罚，尤其是体罚，对孩子总是有害的。不能以友善的方式进行的教育便是错误的教育。非常不幸的是在家庭中惩罚儿童的责任经常落在父亲头上。我们说它不幸，有几个原因。第一、它使母亲有一种信念，以为妇女不能真正地教育她们的子女，以为她们是需要强有力的臂膀的弱者。如果母亲告诉她的孩子："等你爸爸回来教训你！"她等于是暗示他们：把父亲当作最后的权威以及生活中的实力人物；第二、它破坏了父子之间的关系，让孩子们怕父亲，而不觉得他是可亲的朋友。也许有些妇女怕一旦她们自己掌握惩罚之责，她们就会失掉孩子们的情感。但是要解决这个问题并不能把惩罚之责推卸给父亲。孩子们并不会因为她召来一名惩罚的执行者，而不对她心怀怨怒。有许多妇女仍然利用"告诉爸爸"作为强迫孩子们服从的手段。这些孩子对男性在生活中的地位，会作何感想？

假使父亲是以积极的方式应付生活中的职业、友谊和爱情这三个问题，他会成为家庭的中坚，他是好丈夫，也是好爸爸。他容易与人相处，能够结交朋友。如果父亲结交了朋友，便已经使他的家庭成为他四周社会生活的一部分。他不离群索居，也不受传统观念的束缚。家庭之外的影响力能够进入家庭中，而他也会以身作则地教给孩子社会感觉和合作之道。即使丈夫和妻子各有不同的朋友，也没有什么关系。但是他们都应该有共同的社交生活，并避免因友谊问题而闹得貌合神离。当然，我的意思并不是说：他们应该朝夕相守，寸步不离，而是他们在彼此共处之际，不应该感到有何困难。例如，假使丈夫不愿意把妻子引进他的朋友圈子，这种困难便发生了。在这种情况下，他社会生活的中心便是在家庭之外。在孩子们发展的过程之中，有一件非常有价值之事，就是让他们学会：家庭是大社会的一个单位，在家庭之外，还有许多值得信赖的人类和朋友。

如果父亲和他自己的父母、兄弟、姐妹都相处得非常良好，他的合作能力便有了很有利的前兆。当然，他终需离开家庭，独自成家立业，但是这并不是说：他要不喜欢家庭，或和他们决裂。有时候，两个仍旧依赖在父母身上的人结了婚，他们会过分重视他们和原来家庭之间的联系，当他们提到“家”时，他们指的是他们双亲的家。假使他们以为：他们的父母仍旧是家庭的中心，他们就不能建立真正属于他们自己的家庭生活。这个问题和每一个牵涉到的人的合作能力都有关系。有时候，男方的双亲善妒，想要知道他们儿子生活的每一个细节，并给新家庭添加种种麻烦。他的妻子觉得自己不受尊重，并对公公婆婆的多管闲事感到恼怒万分。这种情况尤其在男方不顾双亲的反对而结婚时，最容易发生。他的双亲可能错了，也可能是对的。假使他们对儿子的婚事不满意，在结婚之前，他们可以表示反对，但是既然结婚了，那就只有一条路可以走——他们应该尽其所能，促成婚姻的美满。假若门户不相当的情形无法避免，丈夫应该了解其中困难，不必因此感到烦恼。他应该把父母的反对看作是属于他们的错误，而尽力证明自己看法的正确。夫妻不必把他们的愿望呈请他们的父母核准，但是假使大家能彼此合作，而妻子也觉得公公婆婆确实能为他们的幸福和利益着想，那么事情的进行显然会顺利得多。

每个人最期待父亲完成的行为，是他能解决职业问题。他必须接受职业训练，必须支持他自己和家庭。在这方面，他可能受到妻子的帮助，以后孩子们可能也会帮助他；但是在我们现代的文化体系中，经济的责任主要还是落在男人肩上。要解决这个问题，他必须工作，必须勇敢，必须了解他的职业并知道它的利弊，必须在他的行业中和别人合作，让别人对他有好感。不仅如此，他的态度还影响了他的孩子准备用何种方式面对职业问题。因此，他必须找出成功地解决这个问题的所需之物——找出能对全体人类有所贡献的职业。然而，他是否认为自己的职业有用，倒无关紧要，重要的是工作本身必须有用。我们不必听他的一面之词。如果他以为自己是利己主义者，那固然是可悲之事，但是，假使他做的工作对人类共同幸福有所助益，也就无甚大碍了。

然后，我们要谈的是爱情问题的解决——婚姻和幸福家庭的建造。为人丈夫有一个重要条件：他必须对他的配偶深感兴趣。要看出一个人是否对另一个人有兴趣，是很容易之事。如果他对她有兴趣，他对她喜好之物也会感兴趣，同时会把她的幸福当作自己必须兼顾的目标。情感不仅能够证明彼此之间有兴趣，有许多种情感还能作为夫妻之间事事和谐的证明。他必须做他妻子的良伴，他必须努力奋发，以使她的生活更舒适、更富裕，他必须乐观进取，以取悦于她。只有夫妻双方都认为他们的共同幸福高于个人利益时，才可能有真正的合作。他们两人对另一方的兴趣都应该比对自己的兴趣来得浓。

III. 为人父母

在孩子们面前，丈夫不应该将他对妻子的情感表现得太露骨。夫妻之爱不能和他们对孩子的爱互相比拟，它们是完全不同的东西，彼此也不能抵消对方。但是，假使夫妻彼此过分亲密，有时候孩子就会觉得自己的地位降低了。他们会产生嫉妒之心，并希望能和父亲或母亲一争高低。配偶之间的关系不应该看得太不严肃。此外，父亲对儿子、母亲对女儿解释与性有关的事情时，除了孩子希望知道、而且在其发展阶段也应该了解的事物外，就不必一厢情愿地告诉他们太多的知识。我相信：在我们的时代，有一种倾向，想告诉孩子许多他们还无法适当掌握的性知识，结果引起了不恰当的兴趣和好奇，甚至把性不当一回事，而以稀松平常的态度等闲视之。这样并不见得比以往隐瞒孩子或绝口不谈与性有关事物的态度来得高明。所以，最好是先了解孩子希望知道什么，并只回答他们正在思考的问题，而不要从我们自己的标准，强迫他们接受我们认为每个人都应该知道的事情。我们必须取得他的信任，让他觉得我们会和他合作，并帮他找出这个问题的解决方法。假使我们这样做错了，也绝不会错得太离谱。还有，有些父母生怕他们的孩子会从同伴处听来有害的性的故事，这也是杞人忧天。在合作和独立方面训练良好的孩子，是绝不会受到朋友谈论之害的，而且孩子们在这些事情上经常比他们的长辈还要细心。一个不准备接受错误观点的孩子，自然不会受到“道听途说”的害处。

在我们现代的社会中，男人有较多的机会可以体验社会生活，可以知道社会制度的利弊，以及他们自己国家甚至全世界的道德关系。他们活动的范围仍然比女性的活动范围大。因此，在这类问题方面，父亲应该作为妻子和孩子们的顾问。他不能利用他较多的经验，而过分夸大其词。他不是家庭教师，他应该像朋友一样地劝导他们，并且要避免引起反感，假使他们同意了他的看法，也不必得意忘形。如果他的妻子未曾受过良好的合作训练而反对他的主张，他也不必坚持自己的观点或想要运用权威来压制对方，他应该另找可以消除此种抗拒的方法，争执是无法使人心悦诚服的。

金钱不应该被过分强调或拿来当作争执的题材。女人大多不外出挣钱，因此她们对金钱比丈夫敏感。如果批评她们浪费，她们会感到深刻的伤害。家庭开支应该在家庭的经济能力之内，以合作的方式，妥善安排。妻子或孩子们不应运用压力来迫使父亲付出非其能力所能负担的资金。从一开始，大家对家中的开支就应取得一致意见，以免有人觉得自己受到亏待。父亲不应该认为：他可以凭金钱来保证儿子的前途。我曾经读过一本美国人写的有趣的小书，其中描述一个白手起家成巨富的人，希望自己子孙世代都能免于贫穷和匮乏之苦。他去找一位律师，请教应该怎么做才能达成此愿。律师问他：要连续几代富裕才能满足他的愿望？他告诉律师：他的能力足以使十代子孙生活优裕。“当然，你能够做到这一点，”律师说道，“但是，你可知道，你的第十代子孙每一个身上的血统都来自 500 名以上的祖先，有 500 个其他的家庭都能说他是他们的后代。这样，他们还算不算是你的子孙？”这个例子说明，不管我们为我们的子孙做些什么事，其实我们都是为整个社会而做的。我们无法脱开这种和同类之间的联系。

IV. 兄弟姐妹间的平等

如果在家庭中没有权威的存在，那么其中必定会有真正的合作。父亲和母亲必须合力协商有关他们孩子教育的每件事情。他们任何一人都不应表示他对孩子们之间的哪一个有特殊偏爱。这是最重要的，偏爱的危险性绝非夸大其词。孩子们的丧气，几乎都是因为他觉得另一个孩子较受偏爱所引起的。有时候，这种感觉并不见得完全正确。但是，假使父母对孩子一视同仁，这种感觉便不会有滋长的可能。如果父母重男轻女，在女孩子们之间，自卑情结的发生就几乎无法避免。孩子们是很敏感的，假如他们疑心别人较受喜爱，即使是好孩子也可能在生活中走上完全错误之途。有时候，对天资较为聪颖或长得较为可爱的孩子，父母便很难不表示比较喜欢这个孩子。父母应该有足够的经验或有足够的技巧来避免表示这一类的偏好。否则天资较为优越的孩子会使其他的孩子蒙受阴影，并感到沮丧。他们会嫉妒，怀疑自己的各种才能，他们的合作能力也会受到挫折。光说没有这种偏好是不够的，父母应该观察：在他们任何一个孩子的心中，是否存有父母偏心的疑虑。

现在我们开始讨论家庭合作另一个同等重要的部分，即是孩子们之间的合作。除非孩子们觉得彼此是平等的，否则对社会兴趣就不会有良好的准备。除非男孩们和女孩们觉得彼此平等，否则两性之间的关系即会不断出现重大的障碍。有许多人问：“同一个家庭中长大的孩子，差异怎么会这么大？”有些科学家把它解释为遗传不同的结果，但是我们却认为这是一种迷信。我们可以把儿童的成长比喻为树木幼苗的成长。假使一丛树木种植在一起，事实上它们每一株都各占有不同的环境。如果其中有一株因较受阳光及土壤之惠泽，而长得比较快，它的发展便会影响到其他各株的成长。它遮去了它们的阳光，它的根四处伸张，吸走了它们的营养。其他的便营养不良，发育受阻。一个家庭中，假使有一个成员过分跋扈，结果也是一样的。我们说过，父亲和母亲都不应在家中占有太杰出的地位。如果父亲非常成功或才能出众，孩子们会觉得自己的成就不可能和他等量齐观。他们泄气了，他们对生活的兴趣也受到妨碍。因此，名门子女常常会使父母或社会大失所望。假使父亲在他的行业中很有成就，他不应在家庭中过分强调他的成功，否则孩子们的发展便会受到阻碍。

在孩子们之间，也应该注意同样的事情。假使有个孩子一枝独秀，他很可能夺走了大部分的注意和宠顾。对他而言，这是个踌躇满志的得意情境，但其他的孩子却会憎恨这种差别待遇。要让一个人屈居于他人之下而不心存怨懟，是不可能的事。这种杰出的孩子会损及其他所有的人，如果说他们是在心灵缺乏润泽的状况下成长的，也并非言过其实。他们不会停止对优越地位的追求：因为这种追求是不可能停止的。然而，他们的追求却会转到其他可能不实际或在社会上没有用的方面。

V. 家庭长幼顺序

个体心理学在探讨孩子们出生顺序的利弊方面，开拓了一片非常广阔的研究田地。为求简化起见，我们假设父母亲之间合作良好，并尽心尽力在教养子女。可是每个孩子在家庭中的排行仍然会造成很大的差异，而且每个孩子也因此在完全不同的情境下成长。我们必须再强调：即使在同一家庭中，两个孩子也不会处于完全相同的情境，因此，每个孩子都会在他的生活方式中，表现出他想适应自己特殊情境所造成的结果。

长子

每个长子都曾经历过一段独生子唯我独尊的时光，当第二个孩子降生时，他便骤然要强迫自己适应另一个新的环境。长子通常都受到大量的关怀和宠爱，他习惯于成为家庭的中心。突然，在毫无准备、措手不及的状况下，他发现自己被逐下了王座。另一个孩子出生了，他不再唯我独尊了。现在，他必须和另一个对手分享父母亲的关怀。这种改变会留下重大的影响，我们经常发现：问题儿童、精神病患者、罪犯、酗酒者、堕落者，这些人的困难多是在这种环境之下开始的。他们大多对另一个孩子的降临感受到深刻困扰，从而铸成了他们的整个生活方式。

其他的孩子也可能在同样情况下丧失其地位，但是他们的感受可能不会如此强烈。他们已经有过和其他孩子合作的经验，他们未曾独占照顾和关怀。但对长子而言，这却是截然不同的转变。如果他确实因为新生儿的到来而遭受冷落，我们便无法期望他会心平气和地接受这种情境。如果他愤恨不平，我们也不能怪罪他。当然，假使他的双亲曾让他对他们的情爱怀有信心，假使他知道他的地位稳如泰山，而最重要的，假使他已经准备要迎接新生儿的降临，并学会怎样帮忙照顾他，那么，这场危险便会不留痕迹地消失于无形。通常，他都没有做好这种准备。新生儿真的夺走了他原来享有的照顾、亲情和赞赏。他就会开始想把母亲拉回自己身边，并考虑要怎么做才能重新获得别人的注意。有时候，我们会看到母亲在两个孩子之间游移不定，他们两个都想比对方更占有她的注意力。年龄较长的一个比较会豪夺强取，并想出新策略。我们可以推算他在这种环境之下，会做出什么事来。假使我们处在他的环境中，追求着他的目标，我们所做的事是和他毫无两样的。我们会找母亲的麻烦和她反抗，并表现出一些她无法忽视的恶行劣迹。结果他把母亲弄得不胜其烦。他以最粗野的方式，运用各种可能的方法，拼命挣扎。他的母亲却因为他惹出的麻烦，而对他心灰意冷。现在，他可能真正尝到不再受人爱的滋味了。他为了要得到母亲的爱而争战，结果却真的失去了她。他觉得自己被冷落一旁。他觉得自己理由充足得很，"我知道的，"他想："别人都错了，只有我是对的。"他像是掉在陷阱里，愈挣扎，陷得愈深。他对自己所处地位的观点，如果时时都能获得支持。如果每件事实都证明他的想法正确，他怎么肯放弃这种争战呢？

假使看到这种争战的个案，我们必须研究其环境。如果母亲也对他反击，孩子会变得脾气暴躁，动作粗野，好吹毛求疵和不服从。当他背离母亲时，通常父亲会给他一个恢复旧日受宠地位的机会，他会变得对父亲感兴趣，想要赢取他的情感和注意。年龄最大的孩子通常都比较喜欢父亲，和他站在一方。只要看到孩子较喜爱父亲，我们便能断定：这已经是次一级的阶段了：最先，他依附在母亲身上，现在他已经失去了她的情感，他将情感转移给父亲，以作为谴责她的一种手段。如果孩子偏爱父亲，我们便知道他以前曾遭受过一场悲剧。他觉得自己被弃置不顾，对这件事，他无法忘怀，而他的整个生活方式也建立在这种感觉之上。

这种争战相当持久，有时它能持续一生。孩子学会了争战和坚持，他在各种情境中都会继续争战下去。也许他找不到趣味相投的人，结果他会感到绝望，以为再也无法赢得别人的情感。在他身上，我们会发现，脾气乖张，保守畏缩，不能和人坦诚合作等特征。这种孩子把自己训练得离世孤立，他的所有动作和表现都指向过去他是众人注意中心的那段业已消逝的时光。因此，年龄最大的孩子经常会在不知不觉之中表现出他对过去的兴趣。他喜欢回顾过去，谈论过去。他们是过去的眷恋者，对未来却心存悲观。有时候，这种丧失权力以及自己一度统治过的小王国的孩子，会比其他孩子更了解权力和威势的重要。当他们长大后，他会喜欢玩弄权势，并过分强调规则和纪律的重要性。每件事情都应依法而行，而法律也不准随便更改。权力应该掌握在那些被赋予权力者的手上。我们不难了解，在儿童时期，像这一类的经验会造成强烈的保守主义的倾向。如果这种人为自己建立了良好的地位，他总会疑心：别人要迎头赶上他，把他拉下王座，并取代他的地位。

长子的地位虽然会造成特殊问题，但是如果妥善应付，便能化险为夷。假使在次子出生之前，他已经学会合作之道，那么他便不会遭受伤害。在长子之间，我们还发现有些人会发展出喜欢保护人或帮助人的性格。他们模仿着父亲或母亲，他们经常对年幼的弟妹扮演父亲或母亲的角色，照顾他们，教导他们并觉得自己对他们的幸福负有责任。有时候，他们还会发展自身善于组织的才能。这些都是有利的例子。然而，想要保护别人的努力也可能扩展成希望别人仰赖他或想统治别人的欲望。依据我自己在欧洲和美洲研究的经验，我发现，问题儿童绝大部分都是长子，紧接其后的是最小的孩子。极端的地位造成了极端的问题，这真是有趣的现象，我们的教育方法还不能成功地解决长子的这种困难。

次子

次子处于完全不同的地位，这种情境是不能和任何其他孩子互相比较的。从他出生之时起，他便和另一个孩子分享父母的关怀，因此他比长子容易和别人合作。在他的环境中，有较多数的人，假使长子不敌视他并想把他压下，他的境遇是相当舒适的。关于他的地位，最显著的事实就是某些和长子不同之处——在他的童年期间，始终都有一个竞争者存在。在他前面，有一个年龄和各方面发展都遥遥领先的哥哥，他必须使出浑身解数，设法迎头赶上。典型的次子是很容易辨认的，他表现的行为好像他是在参加一项比赛，好像有人比他领先一、两步，他必须加紧来超过他。他时时刻刻都处在剑拔弩张的状态中。他发愤要压过他的兄长并征服他。《圣经》给了我们许多神妙的心理学暗示，在雅各(Jacob)①的故事中，便很高明地描写了典型的次子。他希望成为第一，想取代以扫(Esau)②的地位，想打败以扫并超越他。次子总是不甘屈居人后，他努力奋斗想要超越别人，他经常是成功的。次子通常都较长子有才能，并较为成功。此外，我们无法确认遗传在这种发展中有任何影响。假使他很快地超越前进，那只是因为他对自己要求较高。即使在他长大之后，出了家庭圈子，也经常会找一个竞争对手；他会常常拿自己和这个他认为占有较优越地位的人互相比较，并想尽各种办法来超越他。

我们不仅在清醒时的生活里可以看到这些特征，在人格的各种表现里，都留有它们的痕迹，在梦里也很容易发现它们。例如，长子常常会做从高处跌下的梦。他们站在巅峰的地位，但是却不敢保证他们能保持优越地位。另一方面，次子经常会梦见自己在

①雅各（Jacob）：亦译“雅各伯”，《圣经》人物。犹太人祖先之一，据《创世纪》记载，因与天使角力得胜，由天使改名“以色列”。亚伯拉罕之孙，以撒和利百加的次子。——编者注

②以扫（Esau）：《圣经》人物，亚伯拉罕之孙，以撒和利百加的长子，以东人的先祖。——编者注

参加比赛。他们或许跟在火车后面跑，或许骑着脚踏车和人赛跑。有时候，个人在梦中的这种紧张和匆忙，能够让我们猜测到：他是次子。

然而，我们必须强调，事实上这些规则并不是这么呆板的。作风像长子的，并不一定仅限于长子一人。我们需要考虑的，是整个情境而不只是出生的顺序。在大家庭里，较晚生的孩子有时也会处于长子的地位。例如：连续生了两个孩子之后，隔了很长的一段时间才生下老三，以后又紧跟着来了两个孩子。这样，老三就可能具有长子的全部特性。次子也是如此；第四或第五个孩子降生后，也可能显得像典型的次子。两个一起长大的孩子，只要年龄相距很近，而跟其他的孩子又相差很远，那么他们便会发展出长子和次子的各种特征。

有时候，长子在比赛中被击败了，那么你会看到长子发生的问题。有时候，他能够保持住他的地位，并压抑弟弟或妹妹，那么惹出麻烦的是次子。假使长子是男孩，次子是女孩，长子的处境会非常困难。他承受了被女孩击败的危险，这在我们目前的情况下，很可能被他视为一种严重的羞辱。在一个男孩和一个女孩之间的紧张比两个男孩或两个女孩之间的紧张要大。在这种争执中，女孩子较受天惠。到了 16 岁，她在身体和心灵方面都发展得比男孩子快。结果她的哥哥放弃了争执，变得心灰意懒。他会运用恶作剧甚至不择手段来攻击对方，例如吹牛或撒谎。我们几乎可以保证，在这种情况下，赢的总是女孩子。我们会看到男孩子采用了各种错误的途径，可是女孩子却轻而易举地解决了她的问题，并一帆风顺向前迈进。这种困难是可以避免的，但是却要事先知道其危险所在，并采取防范措施。在家庭里各成员都应该平等、合作、团结一致。家中没有敌对的感觉，也不会让孩子觉得他有敌人并花费时间与之抗争，这样，才能避免不良的后果。

幼子（最小的孩子）

其他的孩子都有弟弟或妹妹，他们的地位都可能受到威胁，只有最末一个孩子是例外。他没有弟妹，但是却有许多竞争者。他一直是家里的娃娃，而且也可能是最受宠爱者。他面临的是被宠坏孩子特有的问题，但是，由于他所受的刺激很多，由于他有许多竞争的机会，最小的孩子经常会以异乎寻常的方式发展，他跑得比其他孩子快，并超过了他们全体。在人类的历史中，最末孩子的地位一直未曾改变。在人类最古老的故事里，便已经有最小的孩子如何超过兄姐的记载。在《圣经》里，征服者总是最小的孩子。约瑟 (Joseph)① 被当作最小的孩子抚养大。约瑟出生 17 年之后，便雅悯 (Benjamin)② 出世了。但是便雅悯对他的发展却没有任何影响。约瑟的生活方式完全是最小儿子的生活方式。他始终肯定着自己的优越，甚至在梦中亦是如此。别人必须向他低头，他的光耀淹没了他们。他的兄弟们都很了解他的梦。对他们而言，这件事并不难，因为他们跟约瑟朝夕相处，对他的态度也都一清二楚。约瑟在梦中所引起的感觉，他们也都感受到了。他

①约瑟：《圣经》中雅各与拉结所生之子，雅各的第十一个儿子，因天生聪颖得其父偏爱而遭众弟兄嫉恨，众兄便将其卖掉，而后被带到埃及一个官僚家当奴隶。后来因给埃及法老释梦得以重用，被任为宰相。任职期间组织生产力让埃及仓满粮足。因故乡迦南遇饥荒，与前来埃及买粮的弟兄相认而和解，并接其父前往埃及居住，与众兄弟被视为以色列十二部族的族长之一。——编者注

②便雅悯：雅各的第十二子，约瑟的胞弟。以色列十二部族的族长之一。——编者注

们怕他，并且想避开他。然而，约瑟还是从最后变成了第一。在以后的日子里，他成为家里的栋梁，支撑着整个家庭。最小的孩子经常是整个家庭的栋梁，这件事并非偶然。人们都知道这一点，并编了许多有关最小儿子的超能故事。事实上，他是处在一个相当有利的情境中：父亲、母亲、兄姐都会帮助他。还有许多事物可以激发他的野心和努力，同时又没有人从后面攻击他或分散他的注意力。

可是，我们说过：第二大比例的问题儿童来自最末的儿子之间。这种现象的原因通常都在于整个家庭宠惯他们的方式。被宠坏的孩子绝对无法自立，他丧失了凭自己力量获取成功的勇气。最小的孩子总是野心勃勃的，但是大多数富有野心的孩子都是懒惰的孩子。懒惰是野心和勇气丧失所得的结果。野心高得使人看不出有实现的希望时，自然会令人心灰意懒。有时候，最小的孩子不肯承认他有任何一种野心，但这是因为他希望每一方面都超越别人，他希望不受拘束、唯我独尊。从最小孩子可能感受到的自卑感看来，这一点也很容易了解。环境中的每一个人都比他年长，比他强壮，比他经验丰富，他当然会常常自叹不如。

独生子女

独生子也有属于他自己的问题。他有一个敌手，但是他的敌手并不是哥哥或姐姐。他竞争的感觉针对着他的父亲。母亲总是特别宠爱独生子的，她怕失掉他，想要将他置于自己的翼护之下。结果，他养成了所谓的“恋母情结”，终日系在母亲的围裙带上，并想把父亲逐出家庭的圈子之外。假使父亲和母亲协力合作，让孩子对他们两人都感兴趣，这种情形也是可以避免的，可是大部分的父亲对孩子的关怀总是不及母亲。长子和独生子常常是非常相像的：他们想要征服父亲，他们喜欢年纪比自己大的人。独生子经常生怕自己会有弟弟或妹妹。家人们的朋友常常会说："你该有个小弟弟或小妹妹了！"他对这种预言深恶痛绝。他要永久作为众人注意的中心，他真的觉得这是他的权利，假使他的地位受到挑战，他会认为那是大不公平之事。在以后的生活中，只要他不再是众人注意的中心，他便会发生种种困难。另一种可能妨碍其发展的危险是他诞生在小心翼翼的环境中。如果他的父母由于身体上的原因不能够再生育了，那么我们该做的唯一事情就是尽力帮他解决独生子可能遭到的问题。但是，在可能生育更多孩子的家庭中，我们也经常发现独生子。这种父母过分胆小和悲观，他们觉得他们无法解决孩子太多所造成的经济负担。家庭中的气氛充满了焦虑，孩子也感受到不良影响。

假使孩子们出生的时间相隔太远，每个孩子都会有某些独生子的性格。这种情形并不是很理想的。经常有人问我："你认为家庭中孩子的年龄最好应相差多少？""孩子们是应该紧接着出生，还是应该间隔较长的时间？"依据我的经验，我认为最理想的间隔是大约 3 年。在 3 岁之龄，假使较小的孩子出生了，他也能表现出合作行为。他的智力已经足以了解：在家庭中可以不止有一个孩子。假如他只有一岁半或两岁，我们无法和他讨论，他也无法了解我们的道理。因此我们不能让他准备即将到来的事情。

在全部是女孩子的家庭中长大的独生男孩，也会面临一段艰苦的时光。他处在全部女性的环境中，父亲大部分的时间都不在家，他举目所见，只有母亲、姐妹和女仆。由于觉得自己与众不同，他会在孤独中成长。尤其是"女生们"一起联合起来对付他时，更是如此。她们觉得必须一起教育他，或者她们想要证明他没什么值得骄傲的。因此便造成了大量的抗拒和敌意。如果他正好排行中间，他可能是处在最糟糕的位置——他会两面受敌。如果他是长子，他便有被一个很厉害的女性竞争对手紧跟不放的危险。如果他是最小的孩子，他可能被塑造成一个玩物。在女孩子之间长大的男孩，都是属于不太讨人喜欢的类型。如果他能参加社交活动，和其他的孩子们交往，那么这个问题便能获得解决。否则，在女孩子的环绕下，他的作风也会带上女孩味道。纯粹女性的环境和男女混合的环境是完全不同的。假使有家公寓，其中没有硬性的规定，可以让居住的人听凭自己口味任意布置，你可以断定，如果住的人是女性，这家公寓一定整整齐齐，有条不紊，它的色彩经过特别选择，各处细微小节也都受到慎重注意。假使男性住在里面，它大概就不会这么整洁了，其中可能充满凌乱、喧闹和破旧的家具。在女孩群中长大的男孩会带有诸如此类的女性口味，并对生活有女性化的看法。

反过来说，他也可能强烈地反抗这种气氛，而非常重视自己的男性气息。若是如此，他会时时防卫自己，免得受到女性的驾驭。他会觉得：他必须肯定自己的不凡和优越。因此，他会时时感到紧张。他会往极端的方向发展，若不是变得非常强壮，就是非常软弱。这是一个值得研究和探讨的问题。它不是时时都有的，在我们作进一步的讨论之前，我们必须研究更多的个案。同样，在男孩子中长大的女孩子，也很容易发展出非常女性化或非常男性化的气质。在生活中，她经常会有不安全感并感到孤立无助。

每当我研究成人的时候，我总会发现，他们在儿童早期留下的印象是永远不可磨灭的。在家庭中的地位和在生活方式上留下了无法拭去的印记。发展的每种困难都是由家庭中的敌意和缺乏合作所引起的。如果我们环顾周围的社会生活，并问为什么敌对和竞争是它最显著的一面——事实上，不仅是我们的社会生活，我们的整个世界都是如此——那么我们便会认识到，人类都是在追求着想要成为征服者，想要超越并压垮别人的目标。这种目标是早年训练的结果、也是觉得自己在家庭中未曾受到平等待遇的儿童努力奋斗，拼命竞争的结果。我们要避免这一类的害处唯一的方法就是给予儿童更多的合作训练。

七

学校的影响

I. 教育的变革

学校是家庭的延长。假使父母能够负起对孩子们教育的责任，让他们能够适当地解决生活中的各种问题，那么便没有学校教育的必要了。在某些文化里，经常有儿童完全在家中受训练的情形。工匠会教他的儿子很好地继承父辈的事业，他会把他从父亲处传授下来的技巧和从自己实际经验中悟得的本领，传授给他们。然而，我们现代的文化却对我们有更为复杂的要求。因此，我们需要学校来减轻双亲的负担，并继续他们未完成的工作。社会生活需要它的成员接受比他们在家庭中所能受到的更高的教育。

美国的学校并没有像欧洲学校那样经过许多不同的发展阶段，但是我们还是时常可以看到权威式传统的遗迹。在欧洲教育的历史里，最先只有王子和贵族的子弟才能受教育，他们是社会中唯一有价值的群体。其他的人注定要安分守己，默默无闻过一辈子。以后，社会的限制扩大了，教育由宗教机构接管，只有少数经过特选的人才能学习宗教、艺术、科学和专业训练。

当工业技术开始发展后，教育的形式便完全改观了。大家都致力于教育的普及，在乡下和小乡镇中，教师经常由皮匠和裁缝来担任。他们教导孩子的时候，手里总是离不开教鞭，教授的知识也贫乏得可怜。以前，只有宗教学校和大学才教授艺术，有时候，甚至皇帝都是不学无术的。现在却变得连工人都要会读、会写，并懂得做加减算法。公立学校也从此奠定了基础。

然而，这些学校都是遵照政府的政策设立的。当时政府的目的都在于培养出顺从的大众，训练他们维护上层社会的利益，并能够随时当兵作战。学校的课程都指向这个目标。我还记得，有一段时间，在奥地利仍然部分地保存了这种情况。当时，对平民阶级的教育就是要让他们服从，并强迫他们从事适合于其地位的工作。慢慢地，这类教育的缺点暴露出来了。自由的思想开始萌芽，工人阶级逐渐茁壮，他们的要求也逐渐增多。公立学校采纳了他们的要求，现在流行的教育理念是：我们应该教儿童多为自己着想，应该给他们有学习文学、艺术和科学的机会，应该让他们分享全部的人类文明，并对它有所贡献。我们不再希望只训练孩子赚钱或在工业制度之中谋得一席之地。我们要的是同胞兄弟。我们要的是在同一文化背景下共同工作中，平等、独立，而且负责的伙伴。

不管他们是有意还是无意，所有建议要改革学校的人，都是在寻求能够在社会生活中增加合作程度的方法。例如，性格教育

(character-education) 的目的，即是在于此。按照我们对它的了解，这显然是一种很正当的要求。然而，这种教育的宗旨和技术都还未被充分了解。

II. 老师的职责

我们必须找出一批教师，他们不只是为金钱而教育儿童，他们能遵照人类的利益来工作。他们必须体会到这种工作的重要，并且接受良好的训练以达到要求。性格教育仍然是在试验阶段。我们必须把教条置之度外——在性格教育中，我们不作严格而教条的要求。然而，即使在学校里，它的结果也不令人十分满意。儿童到学校来的时候，有些在家庭生活中已经失败了，尽管给予训诫和勉励，他们的错误仍然未能消除。因此，除了训练教师在学校里了解并帮助孩子们的发展外，别无他途可循。

我大部分时间都在从事这方面的工作。我相信维也纳的许多学校在这方面都遥遥领先。在别的地方，虽然也有精神病学家在检查孩子，并提出有关他们的忠告。但是，除非老师也同意并了解如何去执行此种忠告，否则又有什么用呢？精神病学家一个星期虽然和孩子见面一次或两次——最多不过是一天一次——但他并不是真正清楚从环境、从家庭、从家庭之外和从学校本身等各处来的影响。他只写张便条，说这个孩子应该改善营养或应该接受甲状腺治疗。也许他还会给老师一些暗示，说这个孩子该接受个别指导。但是，老师既不知道这种处方的用处，对避免错误也缺乏经验。除非他自己了解孩了的性格，否则他便一筹莫展。在精神病学家和教师之间，需要有最密切的合作，教师必须知道精神病学家所知道的一切事情，这样在讨论完孩子的问题之后，他才能进行他自己的工作，而不需要更进一步的帮助。如果发生了什么意外问题，他应该知道要做些什么事情，正如假使精神病学家在场，也会这样做一样。最实用的方法可能就是我们在维也纳设立的那种咨询委员会 (Advisory Council)。这种方法我将在本章末尾详加描述。

性格培养的关键

当孩子初次上学时，他面临了社会生活的一种新试验。这场试验会显现出他发展中的任何错误。现在，他必须在一个比以前更为广阔的场合里与人合作，如果他在家中受宠惯了，他很可能不愿意离开他那种受人保护的生活，而和别的孩子打成一片。因此，被宠坏的孩子在学校生活的第一天里，我们便能看出其社会感觉的限制。他可能大哭大闹，吵着要回家。他对学校的工作和他的老师都不感兴趣。老师说的话，他也听不进，因为他始终都在想着自己。我们不难想象：假使他继续只对自己有兴趣的话，他在学校中会落后于人。常常有父母向我们述说：某个问题儿童在家中一点都不惹麻烦，可是一上学校，问题便来了。我们会怀疑：这个孩子在家里可能觉得自己所处的情境特别舒适。在这里，他不必接受考验，他发展中的错误也不会表现出来。可是，一到学校之后，他不再受到宠爱了，他觉得这个情境是一种打击。

有一个孩子，从他上学第一天起，便什么事也不干，只是在嘲笑老师说的每一句话。他对学校的任何工作都丝毫不感兴趣，大家都以为他可能是低能儿童。当我看到他时，我对他说：“大家都在奇怪你为什么老是讥笑学校。”他回答道：“学校是父母们搞出来的一场笑话。他们把孩子送进学校，教成傻瓜。”他在家里时常受人嘲弄，他相信：每一个新情境都是要寻他开心的诡计。我向他指明：他太过分强调要维护自己的尊严了，并不是每个人都想愚弄他的。结果他开始使自己对学校发生兴趣，并有了显著的进步。

师生关系

注意儿童的困难，纠正父母的错误是学校教师的工作。他们会发现有些学童已经准备好要接受更广阔的社会生活，他们在家里已经受过要对别人有兴趣的教育。有些则未作好这种准备。当一个人对某一问题没有准备时，他会举棋不定或畏惧退缩。落于人后不是心智低能的儿童，是在社会生活的适应问题之前犹豫不决的孩子。教师的地位最适于帮助他应付他眼前的新情境。

但是，教师应怎么帮助孩子呢？教师要做的事情必须和母亲要做的事一样——和学生联系在一起，并对他发生兴趣，但绝不能只用严厉和惩罚。假使一个孩子到学校后，发现自己很难和老师和同学沟通，最坏的对待方法就是批评他或责备他，这种方法只能让他有充分的借口来讨厌学校。我必须承认，假如我是在学校里经常受到冷嘲热讽的孩子，我对老师们也会敬而远之的。我会避开学校，设法向新的环境另谋发展。顽劣难以管教的坏学生，大多数是把学校视为令人不快的场所，而时时想逃学的孩子，他们并不是真的愚笨，在编造不去上学的理由或模仿家长的签字时，他们经常表现出很高的天分。在学校之外，他们会找到志同道合的逃学孩子。从这些同伴处他们获得了在学校里无法得到的赞赏。能够让他们感兴趣，并让他们觉得自己有价值的圈子，不是学校，而是问题少年组织。在这种情境里，我们可以看到不能被班上同学视为自己团体一分子的儿童，如何使自己踏入犯罪之途。

引发孩子学习兴趣

如果老师想要吸引儿童的注意，他必须先了解这个儿童以前的兴趣是什么，并设法使他相信：他无论在哪种兴趣上都能获得成功。当儿童对某一点有自信时，要在其他各点上刺激他，便容易得多。因此，从开始起，我们便应该注意孩子对世界是持何种看法，最吸引他注意力而且训练程度最高的感官又是哪一种。有些孩子对观察事物最感兴趣，有些喜欢聆听，有些则好运动。视觉型的儿童对必须运用眼睛的学科，例如地理或绘画等，比较容易感兴趣。老师讲课时，他们可能不听，因为他们不习惯于听觉的注意。这种孩子如果没有用眼睛学习的机会，他们便会赶不上别人。大家可能认为他们是能力不足或缺乏才智而归罪于遗传。其实，老师和家长也难辞其咎，他们没有找出使孩子发生兴趣的正确方法。我的意思并不是要对这些儿童施以特殊教育，但是我们却应该利用他某种高度发展的兴趣，鼓励他在其他方面也培养兴趣。现在已经有些学校施行视听教学，即把教材编为由各种感官同时接受的方式来教学。例如，把绘画、塑像和课程合并在一起等等。这是一种值得鼓励并有进一步推广的趋势。教授课程最好的方法就是和生活的其他部分紧密连接，使孩子们能够看出这种教导的目的和他们所学之物的实用价值。也许有人会问：直接把教材传授给孩子和教他们自己思考，两种方法何者较佳？依照我的看法，这个问题中的对立观念是太刻板了，这两种方法是可以联合运用的。例如，教孩子把建造房子和数学联系在一起，让他算出需要多少木材，里面可以住多少人等等，对他一定有很大助益。有些课程很容易放在一起教，而我们也可以请到许多专家来把生活的一部分和其他部分联系起来。例如，老师可以和学生们一起散步，找出他们最感兴趣的东西是什么。同时，他还可以教他们了解动物和植物的构造、植物的进化和利用、湿度的影响、国家的地理形状、人类的历史等生活中各方面的知识。当然，我们必须先要求这位老师对他所教的学生真正感兴趣，如果没有达到这个先决条件，我们便无法期望他会以这种方式教育孩子。

III. 课堂里的合作与竞争

在我们现行的教育制度下，通常我们都会发现：当孩子开始上学时，他们对竞争的准备便远比对合作的准备充分。在其学校生活中，对竞争的训练也一直持续不断。对孩子而言这是一种不幸。假使他击败了别的孩子，遥遥领先，他的不幸并不见得少于屈居人后而万念俱灰的孩子。在这两种情况下，他都会变得只对自己感兴趣。他的目标将不会是奉献和施予，而是夺取能供自己享用之物。正如家庭应该团结一致，每个成员都是团体中平等的一分子一样，班级也应该如此。只有依此方向开展教育，孩子们才会真正对彼此产生兴趣，并享受到合作的快乐。我看过许多有问题的儿童，在经过和同伴合作并分享乐趣之后，态度便完全改变了。我可以特别提出一个儿童为例。他出身自一个他觉得每个人都与他为敌的家庭，他以为在学校里大家也会和他作对。他在学校的功课很差，当他父母听到这个消息后，便在家里“修理”他，这种情况是经常发生的。孩子在学校里拿了一张坏成绩单，挨了老师一顿训斥。把它带回家后，又受到父母的惩罚。这种经验一次便已经够叫人丧气了，连续两次遭惩罚简直是恐怖之事。这个孩子因而在班上调皮捣蛋，成绩也始终不见起色。最后，他遇见了一位了解这种情况的老师，这位老师向其他同学解释这孩子为什么觉得人人和他为敌，老师要求大家帮助他，让他相信他们是他的朋友。结果这个孩子的行为便有了出人意料的改善。

有时候，人们会怀疑我们是否真正能用此方式来教导孩子去了解别人并帮助别人，但是根据我的经验，孩子经常是比他们的长辈更善解人意的。有一次，有位母亲带着她的两个孩子，一个两岁的女儿和一个三岁的男孩，到我的房间来。在母亲不注意间，小女孩爬上了一张桌子。母亲吓了一大跳，她怕得动也不敢动，只是大声叫道："下来！下来！"小女孩理都不理她。那个三岁的小男孩说道："不准动！"女孩子马上就爬下来了。他比母亲更了解她，也更知道该怎么办。

经常有一种说法，主张要增加班级的团结和合作，最好的方法是让孩子们自治。但我认为：这种尝试必须在老师的指导之下，小心进行，并且必须先肯定他们已经具备此能力。否则，我们会发现：孩子们对他们的自治并不十分严肃，他们只把它当作一种游戏。结果他们可能比老师更严厉、更苛刻。他们可能利用班会来争权夺利，攻击别人，排除异己或争取优越的地位。因此，从开始起，老师就应该给予学生们应有的注意和劝告。

IV. 评估孩子们的发展

如果我们想看到一个儿童当前心智发展、性格及社会行为等各方面的标准，我们便无法避免用各式各样的测验。事实上，有时候智力测验之类的测验，也能作为救助孩子的工具。例如，有个孩子在学校的成绩很差，老师希望他留级。经过智力测验后却发现他其实是可以升级的。然而，我们应该了解：一个孩子未来发展的限度是绝对无法预测的。智商只能够用来帮我们认清一个孩子的困难，让我们找出克服它们的方法。在我自己的经验里，当智商显现出某人并不是真正的心智低下时，只要我们找出正确的方法，我们便能使他的智商发生改变。我发现：只要让孩子们玩智力测验，熟悉它们，发现其中奥妙，并增加实际考试的经验，他们的智商便会有所提高。因此，智商不应该被当作是由命运或遗传来决定儿童未来成就的标准。

而且，儿童本身或他的父母也都不应该知道他的智商。他们不知道这类测验的目的，他们以为这是一种最后的判决。在教育中引发的最大困扰，并不是儿童本身的各种限制，而是他认为他具有的各种限制。假使一个儿童知道他的智商很低，他可能觉得全无希望，相信成功已与他无缘。在教育过程中，我们应该全力设法增加儿童的勇气和信心，并帮他消除由于他对生活的解释，而为自己能力订下的各种限制。

对于学校的成绩单也应该如此处理。当老师给某个学生一张很坏的成绩单时，相信这是在刺激他发奋向上。然而，假使学生的家庭对他要求很严，他可能就不敢把成绩单带回家。他可能涂改成绩单或不敢回家。在这种情况下，有时候孩子们甚至会自杀。因此，老师应该考虑这些可能的后果。他们虽然不必负责孩子的家庭生活以及它对孩子的影响，但是他们却应该将之列入考虑范围之内。如果父母望子成龙之心甚切，当孩子把坏成绩带回家时，可能就会受到痛责。假如老师分数打得稍微宽松一点，儿童可能会受到激励而继续努力，并获得成功。当孩子成绩老是不理想，其他的同学也都认为他是班上最糟糕的学生时，他自己可能也这么想，觉得自己是无药可救了。然而，即使是最差的学生也会有所进步的。在许多名人中，我们有足够的例子显示出：在学校中屈居人后的孩子，是可能恢复其勇气和信心，并做出伟大成就的。

V. 天性与教养

有一种很有趣的现象，就是孩子们自己不用借成绩单之助，对彼此之间的能力也会有相当精确的了解。他们知道：在数学、书法、绘画、体育各门里，哪一个人是最拿手的，他们也能够区分出自己的高下。他们最常犯的错误是相信他们再也无法进步了。他们看着别人遥遥领先，认为自己永远无法追及。假使一个孩子对这种看法非常固执，他会把它移转到以后的生活环境中。即使是在成年后的生活里，他也会算计他的地位和别人之间的距离。大部分儿童在班上的各个学期间，大致会保持相同的名次。他们总是名列第一，或排在中间，或居于人后。这显示出他们为自己订下的限制，他们的乐观程度，以及他们的活动范围。大家绝不是不知道，在班上排名靠后的人也能改变他的地位，并取得惊人的进步。儿童应该了解这种自我限制所犯的错误，老师和学生也都应该放弃“正常儿童的进步和其天赋能力有关”的迷信。

在教育中所犯的各种错误里，相信遗传会限制孩子的发展是最糟糕的一种。它让老师和家长对孩子们的管教无方找到了借口。他们可以因此不必为他们对儿童的影响负任何责任。我们应该对这类想逃避责任的企图加以反驳。从事教育的人如果把性格和智力的发展全部归之于遗传，那么我实在看不出他在其职业中还能完成些什么东西。反过来说，如果他看出自己的态度和措施能够影响孩子，他就不能用遗传的观点来逃避责任。

在这里，我谈的并不是身体上的遗传。器官缺陷的遗传是毫无问题的。我相信，只有在个体心理学里，才能真正了解这种由遗传而来的缺陷对心灵发展的影响。孩子在心里会感觉到他的器官功能所起作用的程度，他会依照他对自己能力的判断，来限制自己的发展。因此，假使一个孩子蒙受了器官缺陷之害，他便特别需要了解，他并没有理由认为他在智力或性格方面也会受到限制。在前面，我们已经说过：同样的身体缺陷可能被拿来作为更大努力及求取更高成就的刺激，也可能被当作是注定要妨害发展的一种阻碍。

最初，当我发表这个结论时，有很多人都批评我是不科学的，他们指责我主张的只是和事实完全不符的私人信念而已。然而，我的结论却是从我的经验中提炼出来的，有利于它的证据也越来越多。现在，有许多精神病学家和心理学家也都殊途同归地得到了同样的看法，认为性格中有遗传成分的信念只能称为迷信而已。这种迷信已经存在数千年了。当人们想要逃避责任，并对人类行为采取宿命论的观点时，性格特征使自身遗传的理论自然而然地出现。它最简单的形式就是“人之初，性本善”或“性本恶”的说法。这种说法显然是站不住脚的，只有逃避责任的欲望很强的人才坚持它。“善”“恶”，像其他各种性格的表现一样，只有在社会环境中才有意义。它们是在社会环境中和同类相互切磋所得的结果，它们蕴含了一种判断，“顾全他人的利益”或“违反他人的利益”。在孩子降生之前，他并没有这一类的社会环境。出生之后，他的潜能足以使他往任何一方向发展。他所选择的途径决定他从环境和从自己身体所接受到的感觉和印象，以及他对这些感觉和印象的解释。此外，它还特别受教育的影响。

其他心理功能的遗传性也都是如此，虽然它们的证据没有这么明显。心理功能发展中的最大因素是兴趣。我们已经说过，能够妨碍兴趣的，并不是遗传，而是灰心或对失败的畏惧。不用说，大脑的结构是由遗传得来的。但是大脑只是心灵的工具，而非其根源，而且，假使大脑的损伤尚未严重到我们目前的知识无法挽回的地步，它也能够接受训练，补偿其缺陷。在每种异乎凡庸的能力后面，我们所看到的，并不是异乎寻常的遗传，而是长期的兴趣和训练。

即使我们发现有许多家庭，一连几代都产生出天赋甚高的人才献身于社会，我们也不认为它是出自遗传的结果。我们宁可假设，这个家庭中某一分子的成功，可以刺激其他人奋发向上，而且家庭的传统也使得孩子们在耳濡目染中，能继承先人的志趣。因此，比方说，当我们发现大化学家李比希 (Leibig)[①] 是药房老板的儿子时，我们也不必想象他在化学方面的能力是得自遗传。我们只要知道：他的环境允许他发挥自己的兴趣：在其他孩子对化学仍然一无所知的年龄，他对这门学问的许多部分已经相当熟稔，这样便已经够了。莫扎特[②]的双亲对音乐颇感兴趣，但是莫扎特的

①尤斯图斯·冯·李比希（1802—1873）：德国著名化学家，有机化学的创立者，因此被称为“有机化学之父”。他发明了现代面向实验室的教学方法，因为这一创新，他被誉为历史上最伟大的化学教育家之一。他发现了氮对于植物营养的重要性，因此也被称为“肥料工业之父”。——编者注

②莫扎特（1756—1791）：奥地利著名古典主义音乐作曲家，维也纳古典乐派代表人物之一。——编者注

才能也不是由遗传得来的。他的父母希望他对音乐产生兴趣，因此特别鼓励他往此方向发展。从他幼年时代起，他的整个环境便充满了音乐。在杰出人物之间，我们经常可以发现这种“早期的开始”：他们或者在4岁之龄便开始弹钢琴，或者在很小的时候就为家里的其他人写故事。这种兴趣是延续而持久的。他们所受的训练是自然而广泛的。他们一直勇往直前，不犹疑，也不退缩。

假使教师自己相信发展有固定的限制，那么他便无法成功地除去儿童为自己的发展所订下的限制。假使他能对孩子说：“你没有数学才能。”他的处境便轻松多了，可是，这样做除了使孩子泄气外，便毫无作用了。我自己也有类似的经验。我在念书时，有好几年都是班上的数学低能儿，我也十分相信自己完全缺乏数学才能。很幸运，有一天，我竟然出乎意料地发现自己会做一道难倒了老师的题目！这次成功改变了我对数学的整个态度。以往，我的兴趣完全没放在这门功课上，现在，我开始以它为乐，并利用每个机会来增加我的能力。结果，我在学校里成了数学佼佼者之一。我想，这次经验在帮我看出特殊才能或天生能力理论的错误时，也是很有助益的。

即使是在人数很多的班级里，我们也能观察出孩子们之间的差异。如果我们了解了他们的性格，一定比对他们一无所知更能掌握他们。然而，班上的人数太多总是一大不利因素。有些孩子的问题被忽视掉了，要适当地处理他们也是很困难之事。老师应该很密切地熟知所有的学生，否则他就无法培养出兴趣和合作。假使在几年之间，学生们都能跟随同一个老师，我想一定会有很大的帮助。在某些学校里，教师每6个月便更换一次。老师没有和学生打成一片的机会，也无法看出他们的问题或追看他们的发展。如果一位老师能够和同一群学生相处三、四年，他可能更容易发现某个孩子生活方式中的错误，并设法加以补救。而且要把一个班级打造成一个合作的团队也容易得多。

让孩子跳班升级经常是弊多于利的。通常他会肩负许多他无法达到的期望，而觉得压力沉重。假使某个孩子年龄比他的同班同学大，或者他发育得比班上其他孩子快，我们也许就该考虑让他升上较高的班次。可是，如果这个班级正如我所主张那样的团结一致，其中一分子的成功，对其他人是很有利的。班上只要有一个光芒四射的学生，整个班级的进步就会加速前进，把其他人的这种刺激剥夺掉，并非明智之举。因此，我的看法是让天资聪颖的学生除了班上的功课之外，再多参加其他的活动，培养其他的兴趣——例如，绘画等等。他在这些活动中的成功，也会增加其他儿童的兴趣，并鼓励他们往前迈进。

假使儿童留级重读，情况就更为不妙，每一个老师都同意：通常，留级的学生不管在家庭或是在学校，都是个问题。当然他们不是全部如此的，有少数的留级生也能留在原班上而不造成任何问题。但是，大多数的留级生都依然故我，他们在班上又落后，又惹麻烦。他们的同学对他们都没有好印象，他们对自己的能力也存有悲观的看法。我们不能轻易废除留级制度是当今学校制度的一大难题。有些教师利用假期来训练落后的学生，让他们认清他们在生活方式中所犯的错误，使他们不必再留级重读。当他们认清错误后，这些孩子在第二学期起，就能顺利跟上了。事实上，这是我们真正帮助落后学生的唯一方法。如果让他看清他在估计自己能力时所犯的错误后，我们就能放心让他凭自己的努力前进了。

当我观察把学生依程度优劣编入不同班级的制度时，我便注意到一件特殊的事实。我的经验主要是在欧洲得到的，我不知道在美国是否也存有同样情形。在程度较差的班级里，我看到心智低下和出身贫寒的儿童混在一起。在优良的班级中，大部分的儿童都有富裕的父母。这种现象显然是太不合理了。贫穷的家庭对儿童教育的准备不够良好。父母们面临了太多的困难：他们不能花太多时间来教养儿童，甚至他们本身的教育都不足以帮助儿童。可是，我却不认为：对上学准备不够的儿童，就应该被置入程度较差的班级里。训练有素的教师应该知道如何矫正他们的准备不够，假使让他们和准备良好的儿童相处，他们必然会获益良多。如果把他们置入程度较差的班级里，通常他们很快就会知道这件事实，优良班级的儿童也会知道，并且瞧不起他们。于是，这就成了易于丧失勇气和不再追求个人优越地位的沃土。

在原则上，男女合校是值得加以支持的。它是让男孩子和女孩子彼此认识更清楚，并且和异性互助合作的不二法门。可是，相信男女合校便能解决所有问题的人，也犯了很大的偏差。男女合校本身也有其特殊问题存在，除非认清了这个问题，并把它当作一个问题来处理，两性之间的距离反倒会因男女合校而加大。比方说，其困难之一是：直到 16 岁之前，女孩子都发育得比男孩快。假使男孩子不了解这点，他们便很难维持他们的自尊。他们眼见着自己被女孩子超过，而自惭形秽。在以后的生活里，他们可能会因为记着这种挫败，而不敢和异性竞争。赞成男女合校并了解其问题所在的教师，能够利用这种制度完成许多事情。但是假使他不完全赞同或是对此不感兴趣，他便注定要遭受失败。另外一个困难是：假使对孩子们教育不良或监督不周，那么必然会发生性的问题。在学校中，性教育的问题是非常复杂的。教室并不是施行性教育的适当场所，假使教师对整个班级讲述这些东西，他根本无从知道是否每个学生的了解都正确无误。他可能因此而引起了他们的兴趣,但是却不知道孩子们是否能够接受它们，或如何将它们纳入自己的生活方式中。当然，假使孩子希望多知道一些，而私下向他提出各种问题，教师就应该给他真实而坦率的回答。这样，他便有机会判断孩子真正想知道的是什么，并将他导向正当解决之途。但是，如果不断地在班上讨论性的问题，必定是有害的。有些孩子一定会因此发生误解，把性当作是一件无关紧要的事，这并不见得有益。

VI. 区分孩子的性格特征

任何在了解儿童方面受过训练的人，都能很容易地区分出不同的生活方式和类型。要看出一个孩子的合作程度，可以观察他的姿势及他观看和聆听的方式，他和其他孩子所保持的距离，他是否容易与人交友，以及他专心注意的能力。假使他总是忘记做功课或丢掉书本，我们可以猜想：他对他的功课不感兴趣。我们必须找出他对学校丧失胃口的原因。假使他不参加其他孩子的游戏，我们可以看出他的孤独感和他对自己的兴趣。假使他总是希望别人帮他做事，我们可以看到他缺乏独立性和他想得到别人支持的欲望。

有些孩子只有在受到嘉奖或赞赏时，才肯工作。有许多被宠惯的儿童，只有在老师对他们格外注意时，他们在学校功课的表现上，才特别优秀。假使他们失掉了这种特别的关怀，麻烦就开始了。除非他们有观众，否则他们无法获得进展。如果没有人注视他们，他们的兴趣就随之而止。对这些儿童来说，数学经常是很大的困难。当要他们背出公式或规则时，他们会毫无困难地说出来，但是要他们自己解开一个问题时，他们就一筹莫展了。这似乎是一种小瑕疵，但是对我们共同的生活造成最大危险的，就是这些终日要求别人的注意和支持的孩子。如果这种态度保留不变，他在成年之后的生活里，也会需要别人的支持。当他面临问题时，他的反应是做出强迫别人代他解决问题的行动。他会终其一生对人类幸福毫无贡献，而只是挖空心思要作为别人的永久负担。

另外还有一种孩子，他们决心要成为众人注意的中心，假如不能如愿，他们便会恶作剧，扰乱班上秩序，带坏其他孩子，使得人人为之侧目。责备和惩罚都改变不了他，这些正是投其所好。他宁可受痛打，也不愿被忽视。他的行为所带来的痛苦只不过是他为自己的欢乐所付出的代价而已。对许多儿童而言，惩罚只是他能否持续其生活方式的挑战，他们把它看作是一场比赛或游戏，看看谁撑得比较久。结果他们总是赢的，因为主动权是掌握在他们手里。所以有些喜欢和老师或父母作对的人，在受到惩罚时，不但不哭，反倒会笑。

懒惰的孩子，除非他的懒惰是对双亲或老师的直接攻击，否则他们几乎都是野心勃勃而又怕遭到失败打击的儿童。每个人对“成功”二字的理解都是不相同的，有时候，当我们发现一个孩子把什么当作失败时，也会惊讶万分。有些人如果不能超过其他所有人，便认为自己被击败了。即使他们非常成功，如果有人比他更好，他也会寝食难安。懒惰的孩子则从未尝过被击败的滋味，因为他从没有面临真正的考验。他对眼前问题总是尽量逃避，不肯轻易和人一较长短。别人多少都会以为：假使他不是这么懒的话，他一定能应付他的困难。他自己也在这种想法里找到了护身之所。“只要我肯做，哪件事我做不了？！”当他失败时，他也会以此自我解嘲，并保持住他的自尊。他会对他自己说：“我只是懒，不是无能。”

有时候，老师也会对懒学生说：“假使你更努力一点，你就会变成班上最好的学生。”假使他不费吹灰之力便能获此殊荣，他为什么要努力工作，冒着失去被人重视的险？很可能如果不再懒惰时，人家便不会再以为他怀才不露了。别人会以他的成就来判断他，而不再重视他可能达到的成就。懒孩子的另一点好处就是：当他做了一点点工作时，别人就会夸奖他。别人看到他好像有洗心革面的意思，便急着想刺激他痛改前非。同一件工作，假如是勤快的孩子所做的，便不会受到这么多的重视。懒孩子便以此方式生活在别人的期待里。他是个被宠坏的孩子，从婴孩时代起，他便学会不管什么事都要期待别人帮他完成。

另外还有一类很普遍，而且很容易辨认的孩子，就是喜欢在同伴之间起带头作用的儿童。人类是需要领袖的，但是大家需要的只是能顾全大众利益的领袖。这一类的领袖并不多见。大部分扮演领袖角色的儿童感兴趣的，只是能让他们驾驭别人的情境。只有在这种情况下，他们才肯参加同伴的活动。因此，这种类型并不是能预卜将来必能一帆风顺的类型。在以后的生活中，他们注定会碰上种种困难。当两个这样的领袖在婚姻、事业或社交场合中碰面时，不是演成悲剧，就是闹出笑话。他们每一个都在找寻压过对方，建立自己优越地位的机会。有时候，家中的长辈会以观看被宠坏的孩子肆意指使别人为乐。他们开怀大笑，并鼓励他再接再厉。然而，老师们很快就会发现：这并不能发展出有利于社会生活的性格。

孩子们之间有许多不同的类型，我们丝毫无意主张他们应该被塑造成哪种固定的类型，我们只是希望防止显然会将他们导向失败和困难的发展，这些发展在儿童时代是比较容易纠正或防止的。如果它们未被纠正，它对成年时生活所造成的结果不仅严重而且有害。儿童时期的错误和成年后的失败是一脉相通的。没有学会合作之道的儿童，以后会变成精神病、酗酒者、罪犯或自杀者。焦虑症患者幼时多害怕黑暗、陌生人或新情境。忧郁症患者是爱哭的娃娃。在我们现代的社会中，我们无法期望接近每一位父母，帮助他们避免错误。最需要给予忠告的父母都是最不肯接受劝告的父母。然而，我们却可以接近所有的老师，经由他们来接近全部学生，矫正他们已经造成的错误，并训练他们过一种独立、合作而充满勇气的生活。依我看来，人类未来幸福的最大保证便在于这种工作中。

VII. 心理咨询委员会的工作

为了达到这个目标，大约 15 年前，我便开始在个体心理学中提倡创建咨询委员会，它在维也纳及欧洲许多大城市中都已经被证实相当有价值。有远大的理想和希望自然是件好事，但是如果没有找到合适的方法，空谈理想也是没有用的。经过这 15 年的经验之后，我想我已经可以说，咨询委员会已获得了完全的成功，它是处理儿童问题并把儿童教育成健全个人的最佳工具。当然，我相信假使咨询委员会是以个体心理学为基础的话，它会更为成功。但是我也看不出有什么理由要反对它和其他学派的心理学家合作。事实上，我一直主张咨询委员会应该和各不相同学派的心理学联合设立，然后再比较各学派所获得的结果。

在咨询委员会的方法中，要由一位训练有素，对教师、双亲和儿童的问题有着经验丰富的心理学家，和某一学校的教师们一起讨论他们在教育工作中所遇到的问题。当他到学校时，教师便向他描述某一儿童的个案以及其特殊问题。这个孩子也许很懒，也许好争论、逃学、偷窃或在功课上落后。心理学家要贡献他自己的经验，和教师展开讨论。孩子的家庭生活、性格和发展都应加以描述。发生问题的环境也必须特别注意，然后教师们便和心理学家一起研讨造成这个问题的可能原因和应该如何处理它的方法。由于他们都有丰富的经验，他们很快便能获得一致的结论。

在心理学家到校之日，孩子和他的母亲也都应该到校。在他们决定要怎样对他的母亲说话，要怎样才能影响她，并让她明了这个孩子失败的原因之后，母亲才被请进来谈话。母亲会透露出更多的信息，和心理学家互相讨论，然后由心理学家建议要采取什么措施来帮助这个孩子。通常母亲是很高兴有这种协商的机会，并很愿意合作的。如果她的态度游移不定，心理学家或教师可以举出类似的例子，从中引申出她可以应用于孩子身上的各种结论。

然后将孩子叫进房间，让心理学家和他谈话，谈的不是他犯的过错，而是他眼前的问题。他要找出能促使这个孩子正常发展的想法和意见，以及他不注意而别人很重视的信念等等。他并不责备孩子，只是和他进行一种友善的谈话，给他另一种观点。假使他想提及孩子的错误，他可以将之置于一个假设的情况中，征求孩子的意见。对这种工作没有经验的人，在看到孩子很快便能了解并改变整个态度时，一定会非常惊讶。

曾经在这项工作上受过我训练的教师们，对它都很感兴趣，无论如何都不肯再放弃它，它使他们在学校中的工作更为有趣，也增加了他们努力获得成功的机会。没有人认为它是一种额外负担，因为它经常在半小时内便解决了困扰他们多年的问题。整个学校的合作精神提高了，经过一段时间后，严重的问题也不再发生，只有一些微小的错误需要加以处理。教师们事实上都成了心理学家。他们已经学会要了解人格的整体，以及它各种表现的一贯性。如果在日常教程中发生了什么问题，他们也能够自己解决它。事实上，我们的希望也是如此：如果教师们都受到了良好的训练，心理学家也就不需要了。

因此，比方说：假使班上有一个懒惰的孩子，教师就应该为孩子们筹备一次关于懒惰的讨论会。他可以用下列题目作为讨论的题材："懒惰是怎么来的？""它的目的是什么？""懒惰的孩子为什么不肯改变？""它为什么非改变不可？"孩子们讨论后，可以获得一个结论。那个懒孩子自己可能不知道他就是这次讨论会的原因，但是这是属于他自己的，他会对它感兴趣，并从其中学到很多东西。如果他受到攻击，他必定会一无所获。但是假使他肯虚心聆听，他就会加以考虑，进而改变自己的意见。

没有人能像生活起居都和孩子们在一起的老师那样清楚地了解他们的心灵。他看到了孩子的许多层面，如果他的方法很好的话，他还会和每一个人建立起友情。孩子在家庭生活中所造成的错误是会持续下去还是会被纠正过来，完全掌握在他手上。他像母亲一样，是人类未来的保证，他的贡献是无法估计的。

八 青春期

I. 什么是青春期

讨论青春期的书籍可说是汗牛充栋，它们在处理这个题材时，几乎都把它当作是可以使个人的性格整个发生改变的危险时期。在青春期中固然有许多危险，但是它并不能真正改变人格。它把正在成长中的孩子带入新的情境，接受新的考验。他会觉得他已经接近生活的前线了，在他生活方式中一直未被观察到的错误会开始显现出来。当它们出现时，饱经世故的人总可以洞察到它们。它们现在已经变得很明显，不容再加以忽视了。

II. 心理特征

几乎对每个孩子而言，青春期中最重要的一件事情就是：他必须证明他已经不再是个孩子了。我们也许可以设法让他相信：这是一件理所当然的事情。

假使我们做到了这一点，这个情境中的紧张气氛便能消除掉许多，假使他觉得他一定要证明它，当然他会过分强调他的立场。青春期有许多种行为都是出自想表现：独立性、和成人平等、男子气概或女人作风等等的欲望。这些表现的方向决定于儿童对“成长”的意义抱持何种看法。假使“成长”的意思是指不受控制，孩子就会开始反抗各种拘束。有些孩子在这段时间开始学抽烟、用脏话骂人或深夜不归。有些会出人意料地反抗他们的父母。他们的双亲对一向听话的孩子为什么突然变得如此桀骜不驯也深感大惑不解。听话的孩子也许一直对父母抱有反感，但是只有现在，他有了较多的自由和力量时，他才敢将他的敌意宣布出来。有一个经常被父亲责骂的孩子，在表面上显得安静而顺从，可是私下却在等待着报复的机会。当他觉得自己羽翼丰满后，便借机向父亲寻衅，殴打了父亲再离家出走。

大部分孩子到了青春期都会享有较多的自由和独立。父母不再觉得他们有监护他的权利。假使父母想再继续监督他，他必定会更努力设法脱开他们的控制。双亲愈是想证明他还是个小孩子，他愈是反其道而行。从这些争斗中，会发展出一种反抗的态度，结果便构成“青年反抗主义”的典型案例。

III. 生理特征

我们无法给青春期的阶段订下严格的界限。它通常是由 14 岁左右到 20 岁，但是有些孩子在十一、二岁时，便已经进入青春期了。身体的各部分器官在这段时间都加速发展，有时候它们之间的功能便很不容易顺利协调。孩子们身高增长，手足加大，但却可能不太灵活。他们需要训练这类器官的协调，但在这过程中，如果受到别人的讥笑或批评，他们会相信自己真的是笨手笨脚了。孩子的动作如果被人讥笑，他就会变得愈发笨拙。内分泌腺对儿童的发展也有影响，它们会促进其功能。然而这并不是从无到有的全然改变，内分泌腺在出生之前便已经开始发生作用，但是现在它们的分泌增多，第二性征也更为明显。男孩会开始长胡子，声音也变得粗哑。女孩的体形逐渐丰满，变得更女性化了。这些都常常使青年人感到惶惑。

IV. 青春期的迷茫

有时候，对成年期生活准备不足的孩子，在职业、社交、爱情和婚姻等各种问题一起逼近时会觉得恐慌异常。对于职业，他找不到能够吸引他的工作，而认为自己终将一事无成。对于爱情和婚姻，他对异性总是忸怩不安，遇见他们时也会慌乱不知所措。假使异性和他说话，他会面红耳赤，无言以对。他会一天比一天地感到绝望。最后，他对生活的所有问题都会觉得厌烦，也没有人能再了解他。他不注意别人，不跟他们说话，也不听他们的话。他不工作，也不读书，只终日幻想和进行一些粗鄙的性活动。这是被称为“早发性痴呆”(dementia praecox)[①]的精神错乱。但是，

---

①早发性痴呆：属于精神分裂症的过渡期诊断用语。最早是由法国心理学家莫雷尔（Morel）提出，指一组早期发生可导致缺陷的精神病，认为这是一种无外界诱因下发生在青年的精神衰退。德国精神病学家卡尔鲍姆（Kahlbaum）描述了一种具有特殊精神障碍并伴有全身肌肉紧张的精神病“紧张症”，而卡尔鲍姆的学生海克尔（Hecker）则记录了发生于青春期而具有荒谬、愚蠢行为的“青年痴呆”。德国精神病学专家克雷佩林(Kraepelin)认为这些并非独立的疾病，而是同一种疾病的不同类型。这一疾病多发生在青年，最后发展成衰退，故合并上述类型命名为早发性痴呆，首次作为疾病单元来描述，但是这些患者也只有部分出现了认知障碍，大多数智力都正常，意识清楚。于是瑞士精神病学家布洛伊勒（Bleuler）将本病命名为精神分裂症（Schizophrenia）。——编者注

这种病症其实只是一种对性的误解而已。如果能够鼓励这种儿童，证明他走的途径不对，并指点出正确之途，他便能霍然而愈。但是，这个工作并不简单，因为他的整个生活以及过去生活中所学到之事都必须被纠正过来。过去、现在和未来的意义都必须以科学的眼光重加检讨，不能只凭私人的想法妄加猜测。

青春期的所有危险，都是由于对生活的三个问题缺乏适当的训练和准备所造成的。如果孩子们对未来心怀畏惧，他们自然会以最不费力气的方法来应付它。然而，这种简单的方法却是没有用的方法。孩子们愈受到命令、告诫、批评，他们愈觉得彷徨不知所从。我们愈推他向前，他会愈往后退缩。除非我们能够鼓励他，否则想帮助他的努力都会徒劳无功，甚至更会伤害到他。由于他是如此的悲观和胆小，我们无法期望他会自发自动地激励奋发。

有些孩子在这段期间会希望自己留在儿童时代，永远不要长大。他们甚至以儿语说话，和比他们小的孩子一起玩，装得像婴孩般的扭捏作态。但是，绝大多数的人都会竭尽所能仿效成人的一举一动。他们也许没有真正的勇气，但是却要扮出一副类似成人的怪相。他们模仿大人的姿态，满不在乎地花钱，调戏异性并做爱。在某些棘手的个案中，孩子们还没有看清该用什么途径来应付生活的问题，便迫不及待地胡作非为，于是从此开始了犯罪生涯。这种情况尤其是在他少年时犯过罪，而又未被发现，因此自以为聪明得可以避尽天下耳目时，最容易发生。犯罪是从生活问题面前逃离掉的简捷方法之一，特别是在经济问题面前。因此，从 14 岁至 20 岁之间的少年犯罪，便有急剧增加的趋势。在此，我们面临的并不是一种新的情境，而是较大的压力把儿童时期便已经存在的暗流激发出来。

如果个人的活动程度较小，他逃避生活问题的简捷方式是精神病。在这些年龄之间，有许多孩子开始患上官能性疾病和精神失常。每一种精神病的病征，都是不必降低个人的优越感便能拒绝解决生活问题的借口。精神病征出现在个人面临社会性的问题而又不准备以符合社会要求的方式来解决它的时候。这种困难会造成高度的紧张。青春期身体的情况对这种紧张特别敏感，所有的器官都会被它触动，全部的神经系统也都会受其影响。器官的不舒适也可以作为犹疑和失败的脱身之词。在这类个案中，个人不管是私下还是在他人面前，都会因为他的病痛，而认为自己可以不必负担任何责任。这样便构成了精神病。每一个精神病患者都表现了最诚挚的意愿，他十分了解社会感觉和应付生活问题所需要的是什么，只有在他的病症里，他才能逃开这种普遍的要求。能够使他释下重负的，是精神病本身。他的整个态度似乎在说："我也急着要解决我的问题，但是我的病却叫我无能为力。"这一点就是他和罪犯的不同之处。后者经常是毫无顾忌地表现出他的不良意愿，他对他的社会感觉也麻木不仁了。我们很难决定它们哪一个对人类利益的损害较大。精神病患者的动机虽很善良，但是撇开他的动机不谈，他的行动却是令人讨厌、自私而有意要妨害别人的。罪犯虽然不掩饰他的敌意，可是却要咬紧牙根压抑下他剩余的社会感觉。

有许多青春期的失败者在小时候都是被宠坏的孩子：由这一点不难看出：对习惯事事都要别人服侍的儿童，成人的责任是一种特殊的重担。他们仍然希望受人宠爱，但是当年岁渐长，他们发现自己已经不再是众人注意的中心了。他们是在人造的温暖气氛中长大的，现在却发觉外界的空气冷酷刺骨。因此，他们责怪生活欺骗了他们，使他们失败。此时，我们便能发现他在开进步的倒车。这一类的孩子大多数会在读书和工作方面开始失败，以前看起来天资没有他们高的儿童，会超过他们并表现出出人意料的能力。这和他们以前的历史并不相冲突。也许一直非常受人重视的孩子，现在会开始害怕辜负别人对他的期望，只要他继续受到帮助和赞赏，他便能鼓起勇气前进，但是当环境需要他作独立的奋斗时，他就勇气全失，向后退却。而另一些孩子则会被这种新的自由所激励，他们在自己面前清楚地看到达成其雄心之路。他们心中充满了新的构想和新的计划。他们的创造性生活开始箭上弦、剑出鞘，他们对人类活动各方面的兴趣也变得鲜明而热烈。这些都是勇敢坚毅的孩子，对他们而言，独立的意义并不是困难和冒失败的危险，而是获取成就和奉献别人的更广阔机会。

以前一直觉得受人轻视的儿童，现在可能因为和同伴的接触增加，而开始孕育出他们也能被人欣赏的希望。他们有许多人非常醉心于争取别人的赞赏。男孩子假使只想寻求别人的夸奖，那是相当危险的：不过女孩子通常都比较缺少自信，她们把别人的欣赏当作是证明她们价值的唯一方法。这种女孩子很容易落入善于阿谀她们的男人的圈套。我常常发现：有些女孩子觉得自己在家中不受欣赏，便开始和男人发生性关系，这不仅是要证明她们已经长大了，而且还因为她们希望用这种方法来获得一种能够被欣赏和被注意的地位。且让我举几个例子。

案例一

有一个出身贫寒的15岁女孩子，她有一个哥哥，从他幼年时代起，便一直体弱多病。她的母亲不得不对他格外注意。当她的女儿出生时，她也没能好好照顾她。不仅如此，在她的幼年时代，她的父亲也卧病在床，他的病更占去了母亲原应照顾她的许多时间。

因此，这个女孩子从小就不了解被人照顾的意义是什么。她很注意这件事，一直盼望着能够多受人照顾，但是她在家中却总是无法达成所愿。后来，母亲又生了一个妹妹，这时父亲虽然痊愈了，母亲却又将全部心力转移到妹妹身上。结果，这个女孩子觉得自己是唯一没有得到爱和温情的人。她继续拼命奋斗。在家中，她是好孩子；在学校，她是好学生。由于她的成功，父母决定让她继续她的学业，把她送到一所她毫无所知的高中去。最初，她不了解这所新学校的教导方法，她的功课开始赶不上别人，老师因此批评了她几句，她却觉得万念俱灰了。她急着要得到别人的激赏。家里没人欣赏他，学校也是如此，她该怎么办才好?

她环顾四周，想找一个了解她的人。在几经尝试后，她离家出走，和一个男人一起生活了十四天。家里对她的行为忧虑万分，到处找寻她。结果发生了什么事，也是我们所能料及的。她很快就发现自己仍然不能为人所欣赏而开始后悔自己做出的荒唐事。自杀是她的第二个念头，她送了一张便条回家："不要为我担心。我已经服了毒药。我很快乐。"事实上，她根本没有服毒，她之所以这样做，原因也不难了解。她的父母事实上对她是很慈爱的，她觉得她还能博得他们的同情。结果她不自杀，只是等着母亲来找到她，把她带回家。假使这个女孩子也像我们一样知道：她所追求的其实只是受人欣赏而已，那么这场风波就不会发生了。假使她高中的老师也了解这一点，他必定能事先予以防范。以往，这个女孩子的学校成绩一直是非常杰出的，假使他知道这个女孩子对这一点相当敏感，他只要对她稍微加以注意，那么她的情况就不会令她心灰意冷了。

案例二

一个女孩子出生在一个父母性格都很柔弱的家庭里。她的母亲一直想要个男孩，这个女孩子的降生自然是使她大失所望。母亲一直很瞧不起女性的地位，她的女儿也难免受其影响。她不止一次地听见母亲对父亲说："这个女孩子一点都不讨人喜欢，她长大后，一定没人会喜欢她的。"或"她长大后，我们该拿她怎么办呢？"在这种不良的气氛下度过十几年之后，她看到了母亲的一个朋友写给母亲的一封信，信中为了她只有一个女儿而安慰她，并说：她还年轻将来总会有男孩子的。

我们可以想象这个女孩子会有什么感觉。几个月以后，她到乡下去访问她的一位叔叔。在那里，她遇见了一个智力很低的乡下男孩，并且变成了他的情人。后来，男孩甩掉了她，但是她依旧对他一往情深。当我看到她时，她已经拥有一大群的男朋友，可是却没有哪一个人能令她称心如意。她来找我，是因为她现在患有焦虑症，不敢单独一个人出门。当她对获取别人欣赏的某种方法觉得不满意时，她就会试用另一种。现在，她是以身体的病痛来叫她的家庭为她感到烦恼。除非她放弃她的悲观，否则别人便对她束手无策。她哭泣，以自杀作为威胁，把家中闹得鸡犬不宁。我们很难让这个女孩子认清她的处境，也很难让她相信：她在青春期时，是把设法脱离被轻视感觉这件事的重要性看得太重了。

青春期的性认知

在青春期，男孩子和女孩子都会过分重视性关系，并加以渲染。他们希望证明他们已经长大了，结果却矫枉过正。例如，一个女孩子相信自己一直受着母亲的压迫而意图反抗，她就很可能任意和她遇上的男人发生性关系，作为反抗的手段。她根本不在乎母亲知不知道。其实，假使她能叫母亲为她担心的话，她才高兴呢。因此，我经常发现有些女孩子在和父母亲争吵过后便跑到街上，和她遇见的第一个男人发生性关系。这些女孩子以前一直都被认为是很乖的，她们的教养很好，没有人料想到她们会做出这种行为。我们能够了解：这些女孩子并不是真的罪恶深重，她们只是想法错误。她们觉得自己是处于卑下的地位，而这又是她们所能想象到的获取较优越地位的唯一方法。

有许多被宠惯的女孩子发现自己很难适应女性的角色。在我们的文化中，有一种根深蒂固的想法，认为男性总比女性优越，结果她们便不喜欢身为女性，而表现出所谓的“对男性的羡慕”。对男性的羡慕可以表现在许多种不同的行为里。有时候，我们看到的是讨厌男人并回避男人。有时候，她们虽然喜欢男人，可是和他们在一起时却忸怩不安，说不出话来。她们不愿意参加有男人的集会。面临性的问题时，也不能十分自在。当她们年岁渐增时，她们口里虽然说自己也急着想结婚，但是却完全没有行动表现，她们不接近异性也不和他们为友。有时，我们发现对女性角色的厌恶在青春期会表现得更为激烈。女孩子的举止比以往更带有男孩子的气息。她们希望模仿男孩子，并且发现：要在他们的恶行劣迹，如抽烟、喝酒、说脏话、拉帮结派、放肆滥交等方面模仿他们，实在是轻而易举之事。

她们对自己行为的解释经常是：假使她们不这样做的话，男孩子们就不会对她们感兴趣了。在对女性角色的厌恶更进一步发展的场合，我们会发现同性恋、卖淫或其他性欲倒错的现象。所有的妓女从生活的早年起，就有一种根深蒂固的想法，认为没有人喜欢她们。她们相信自己是天生要扮演低贱角色的，她们永远无法赢得任何男人的真情和兴趣。我们不难了解：在这种环境下，她们是多么容易自暴自弃，并轻视自己的性别角色，认为它只不过是一种赚钱的工具而已。对女性角色的厌恶并不是在青春期才产生出来的，我们发现：这种女孩子从她儿童时代起，便讨厌自己身为女孩子。只是在儿童时代，她们没有表现出这种厌恶的需要和机会罢了。

并不是只有女孩子才会有对男性的羡慕。所有把身为男性的重要性过分高估的孩子，都会把男性化当作是一个理想，从而怀疑自己是否强壮得足以达成它。因此，在我们文化中对男性化的强调也会使男孩子发生和女孩子同样的困惑，尤其是他们对自己的性别角色不十分肯定的时候。有些小孩子长到相当大的时候，对自己的性别可能与自己认为的不一致一事，还半信半疑。因此，从两岁起，我们就应该让孩子们很清楚地知道他们是男孩子，还是女孩子。有时候，外表长得像女孩子的小男孩，也会有一段特别困难的时光。陌生人常常会看错他的性别，即使是家里的朋友也可能对他说："你实在应该是个女孩子的。"这种孩子很可能把自己的外表当作是一大缺憾，并且认为爱情和婚姻的问题是对自己的严重考验。对扮演自己的性别角色没有信心的男孩子，在青春期，会有模仿女孩子的倾向，他会变得带有脂粉气，并拥有被宠坏女孩子的恶习，如搔首弄姿、装腔作势、乱发小姐脾气等等。

即使是对异性的态度，也是在生活最初的四、五年之间奠下基础的。性的驱力在襁褓时代的最初几个星期便已经相当明显，但是在它能做出适当的表现之前，却没有哪种东西能激发它。假如它没有受到刺激，它的出现必定是自然之事，我们不必大惊小怪。例如，当我们在婴孩一岁之时，看到他有局部的性激动征象，也不用害怕。我们应该用我们的影响力和这个孩子合作，让他不要只对自身发生兴趣，而要多注意环境。假使这种自渎无法阻止的话，那又是另一种情况了。此时，我们可以断定这个孩子别有用意：他不是性驱力的牺牲品，而是有意利用它来达成自己的目的。通常，这类小孩子的目标是吸引别人的注意。他们能够感到父母的惊讶和害怕，他们也知道如何捉弄父母。如果他们的习惯不能再达成吸引别人注意的目的，他们就会将之放弃。

我曾经强调：对孩子不应给予身体上的刺激。父母都非常疼爱他们的孩子，孩子也很喜欢他们。为了增加孩子们的情爱，他们总是搂抱或亲吻他们。他们应该知道这不是正当的方法。孩子们在心灵上不应该受刺激。孩子们和成年人在回忆童年时，都经常告诉我：当他们在父亲的书房中看到某些春宫图画或观看到这类影片时，所引起的感觉。他们实在是不宜观看这种图画或影片的。如果我们避免刺激他们，便不会发生困难了。

另外一种形式的刺激，是我们已经在前面说过的，提供给孩子们不必要和不合宜的性知识。有许多成年人似乎有一种散播性知识的狂热，他们生怕任何人长大后，对这方面仍然有一无所知的危险。假使我们回顾自己的过去或研讨别人的历史，我们将看不到像他们预期的那种灾难。我们宁可等待孩子开始好奇而想知道这方面的事时，才告诉他们。如果父母对孩子相当留意的话，即使他不开口，他们也会了解他的好奇心。假若他把他们当作密友，他就会向他们发问。此时，他们应该以他能够吸收并了解这类知识的方式回答他。

还有，父母在孩子面前，最好也应该避免有过分亲密的表现。如果可能的话，孩子应该不要和父母亲睡在同一个房间里或同一张床上。更理想的，是他也不要和哥哥或姐姐睡同一个房间。父母亲对其子女的发展应该密切注意，不能掉以轻心。如果他们对孩子的性格和目标没有认识，他们就无法知道孩子有哪些地方能够受人影响或要用什么方式才愿受人影响。

VI. 正视青春期

把青春期当作是一段特别奇异的时段，几乎是一种世界性的迷信。一般而言，人类发展的各个阶段都会被赋予各种属于私人的意义，并被认为能够完全改变一个人。例如，大部分人对于更年期的态度也是如此。然而，这一类的阶段并不是几个截然不同的改变，它们只是生活的连续，它们的现象也没有什么特别的重要性。重要的是个人在这些阶段中所期待的是什么，他赋予它的意义和他学会的面临它的方法。人们对青春期的到来常常会不安，仿佛是见了妖魔鬼怪一般。如果我们正确地了解这些情形，我们将会知道，在青春期除了社会情况会要求孩子们在生活方式方面做一些新的适应之外，其他的现象对他们并不会有所影响。然而，青年们却相信：青春期是一切事物的终结。他们所有的价值和尊严都已失去，他们已经不再有合作和奉献的权利，他们认为没有人需要他们了。青春期的所有困难都是从这些感觉发展出来的。

如果这个孩子已经学会要把自己当作是和社会上任何人平等的一分子，并了解他应该做的奉献工作，尤其是如果他已经学会将异性看作是平等的友伴，青春期只是给他一个机会，让他开始对成年人的生活问题做出独立而有创造性的解答。如果他对这些观念的认识程度比别人低，如果他对环境抱有错误的看法。在青春期，他会显得好像还没作好享受自由的准备。假使有人强迫他去做他必须做的工作，他就能够完成它。如果让他自己去搞，他就会胆小如鼠，一事无成。这种孩子在监控之下将会适应良好，但是一旦获得自由，他就不知何去何从了。

九

犯罪及其预防

I. 了解犯罪心理

由个体心理学，我们开始了解各种不同类型的人类，但是，人类彼此之间的差异其实并不是这么显著的。我们发现罪犯和问题儿童、精神病患者、自杀者、酗酒者、性欲倒错者等所表现出的失败，都是属于同一种类的。他们全部是在处理生活问题上失败了，特别是在一个令人注意的固定点上，他们全都是蹈其覆辙。他们每一个人都缺乏社会兴趣，他们对同胞漠不关心。然而，即使在这一点，我们也不能认为他们和别人截然不同而将他们区分开来。没有哪一个人可以作为完全合作或具有完全社会感觉的例子，罪犯的失败只是程度较深的共同失败而已。

追求优越

要了解罪犯，还有另一点是很重要的，但在

这一点上，他们和其他人也毫无二致。我们都希望克服困难。我们都努力着，想要在未来抵达一个目标，得到了它，我们将会觉得强壮、优越、完美。杜威（Dewey）① 教授把这种倾向称为对安全的追求，这是非常正确的。还有人称之为对自我保全（self-preservation）的追求。但是，不管我们如何称呼它，我们在人类身上总可以发现这条巨大的活动线——挣扎着要由卑下的地位升至优越的地位，由失败到胜利，由下到上。它从最早的儿童时期便已经开始，持续至生命的终结为止。因此，当我们在罪犯之间也发现同样的倾向时，我们大可不必惊讶。在罪犯的各种活动和态度中，都显现出他是在挣扎着要达到优越，要解决问题，要克服困难。他和别人的不同之处并不在于他没有作这种形式的追求，而是他所追求的方向。当我们看出他之所以采取此种方向，是因为他不了解社会生活的要求和不关心其同胞时，我们将会知道他的行为是十分不明智的。

环境与遗传的影响

这一点必须再次特别强调，因为有许多人都不如此想。他们认为罪犯是异常的人种，和一般的人完全不相同。例如，有些科学家断言：所有的罪犯都是心智低能者。还有些人特别重视遗传，他们相信罪犯天生就不对劲，是生来注定要犯罪的。另外还有人主张：罪恶是环境所造成，不能改变的：一旦犯了罪，就会继续再犯下去。现在已经有许多证据足以反驳这些意见，而且我们也必须体会到，假使我们接受了他们，解决犯罪问题的希望便荡然

①杜威（1859—1952）：美国著名哲学家、教育家、心理学家，实用主义者，也是机能主义心理学和现代教育学的创始人之一。——编者注

无存了。在我们有生之年，我们必须消除掉这种人间的悲剧。从整个历史里，我们知道犯罪一直是一种悲剧，但是现在我们必须奋身而起，采取行动来对付它，我们绝不能对它视若无睹，只无可奈何地说："这些都是遗传搞的鬼，我们一点办法也没有！"

不管是环境还是遗传都没有强迫性的力量。同一个家庭，同一个环境出身的儿童，可能向完全不同的方向发展。有时候罪犯可能出自清白的家庭；有时候在经常有人出入监狱或感化院的犯罪世家中，我们也会发现品行都很好的儿童。而且，有些罪犯到后来都痛改前非了，许多犯罪心理学家都解释不出为什么有的强盗在将近 30 之龄，竟然会放下屠刀，重新做人。假使犯罪是一种先天的缺憾或是在环境中注定要发生的，那么这些事实便无法为人所了解。然而，从我们的观点来看，他们却毫无难解之处。也许个人的处境已经变得较为优越，对他们的要求减少了，他们生活方式中的错误也不再有浮现的必要。或者他也许已经得到了他所要之物。最后他还可能迈入老年，行动不便，不适合再干犯罪活动：他的骨骼僵硬得不能再飞檐走壁，梁上君子这一行他是难以继续了。

童年影响与生活态度

在作更进一步的讨论之前，我希望先澄清罪犯都是疯子的观念。虽然有许多精神病患者也会犯罪，但是他们的罪却是属于完全不同的类型。我们并不认为他们应该对自己所犯的罪负责，他们的犯罪是完全不了解自己用错误的方法对待自己的结果。同样的，我们也应该撇开心智低能的罪犯，他们其实只是一件工具而已，真正的罪犯是那些在背后主谋的人。他们描绘出一幅美丽的远景，他们激起了心智低能者的幻想或野心，然后他们把自己藏起来，让他们的牺牲品去执行犯罪计划，并冒受惩罚的危险。当然，当经验老到的罪犯唆使年轻人犯罪时，情况亦是如此。老于此道的罪犯拟好了犯罪计划，再哄骗年轻人去当执行者。

现在，让我们再回头讨论我所提过的活动路线：每一个罪犯——以及其他的每个人类——都遵循着这条路线在追求胜利，在追求稳固的地位。在这些目标之间，有许多的不同和变异。我们发现：罪犯的目标总是在追求属于他私人的优越感。他所追求的对别人一点贡献都没有，他也不与别人合作。社会需要各式各样的组成分子，我们都有合作的能力，都彼此需要，也都是有用的。但是罪犯的目标却不包括这种对社会的有用性，这就是犯罪行业最显著的一面。以后，我们将会讨论这是怎么来的。现在我所要谈的是：假使我们要了解一个罪犯，我们要寻出的主要点是他在合作中失败的程度和本质。罪犯之间的合作能力是各不相同的，他们有的缺乏得很严重，有的则较轻微。例如，有些人约束自己只能犯小罪恶，绝不超过这个范围，其他人则宁可犯滔天大罪。他们有些是主谋，有些是从犯。为了要了解犯罪的种种不同，我们必须更进一步地检讨个人的生活方式。

性格、生活方式和三大课题

个人典型的生活方式是很早便建立起来的，在四、五岁之时，我们已经可以看出其主要轮廓。因此，我们不能认为要改变它是一件容易的事情。它是自己的人格，只有了解自己在建造它时所犯的错误，它才能改变过来。所以，我们可以开始了解：为什么有许多罪犯虽然被惩罚过无数次，受尽侮辱和轻视，并丧失掉社会生活的各种权利，却仍然我行我素，一再地犯下同样的罪行。强迫他们犯罪的，并不是经济的困难。当然，在经济不景气，人们负担加重时，犯罪案件会直线上升。统计的结果显示，犯罪案件的增加是和物价的升高成正比的。然而，这并不足以证明：经济情境会导致犯罪。它所表示的是：人们的行为受到了限制。例如，他们合作的能力便有许多限度，当达到这些限度时，他们就不再献出自己的力量了。他们拒绝再合作而加入犯罪的阵营。从其他的各种事实，我们也发现：有许多人在优越的环境下都不是罪犯，但是当生活中产生太多他们无法应付的问题时，他们就开始犯罪了。此处最重要的是生活的方式，也就是应付问题的方法。

从个体心理学的这些经验中，我们最少可以获得一点非常简单的结论，罪犯对别人都不感兴趣。他们只能合作至某一限度。超过这个限度时，他便开始犯罪。当一个问题难得他无法解决时，他的合作限度便崩溃了。如果考虑我们每个人都必须面临生活问题，以及罪犯无法解决的问题，最后，将会发现：在我们的一生中，除了社会问题外，便没有其他问题，而这些问题只有我们对别人感兴趣，才能获得解决。

正如我们在第一章中讲述的那样，个体心理学教我们把人生问题分成三大类。

第一类是和其他人之间关系的问题，也就是友谊问题。罪犯们有时候也能够有朋友，但多只是同流合污的朋友。他们会结党营帮，彼此也能推心置腹。但是，在此我们马上可以看出他们是如何的缩小了他们的活动范围。他们不能和正常社会的一般人为友。他们把自己当作是局外人，也不知道和他们的同胞相处时，要怎样做才会觉得自在。

第二类是包括和职业有关的各种问题。如果问罪犯关于这方面的问题，许多人会回答："你根本不知道工作的辛劳！"他们认为工作是辛苦的，他们不愿意像其他人一样和困难搏斗。有用的职业蕴涵了对他人的兴趣和对他们幸福的贡献，但这正是罪犯人格中所缺少之物。这种合作精神的缺乏很早就显现出来了，所以大部分的罪犯对解决职业问题都没有良好的准备。大多数的罪犯都是不学无术，无一技之长的人。如果追溯他们的历史，你将会发现：他们在学校时代，甚至在进学校之前，就已经发生困难了，他们从未学会合作之道。要解决职业问题，非要先学会与人合作不可，但是这些罪犯偏偏与此道无缘。因此，假使他们在职业问题面前失败了，我们也不能过分责怪他们。我们应该把他看作是没有学过地理的人在参加地理科考试一样，他自然会答非所问，甚至交白卷。

第三类包括了所有的爱情问题。美好的爱情生活中，对配偶的兴趣和合作是同等重要的。有种令人注意的现象是：被送进感化院的犯人，在入院之前，有半数患有性病。这个现象显示，他们对爱情问题需要的是一种简单的解决方法，他们把爱侣当作是一宗财产。我们经常会发现他们认为爱情是可以购买的。对这种人而言，性生活是征服，是占有，也是他们应该保有的东西，而不是生活中的伴侣关系。"如果不能随心所欲地得到我想要的东西，"有许多罪犯说道："生活还有什么意思？"

现在，我们可以看出我们该从什么地方开始矫治罪犯了。我们必须教之以合作之道。只在感化院里鞭打他们，是没有什么用的。将他们释放后，他们可能会再危害社会。可是在目前的情况下，这一点却没有商量的余地。社会是绝对无法将罪犯完全隔离开的。因此，我们要问：“既然他们还不适于过社会生活，我们该拿他们怎么办？”在所有的生活问题中都不愿与人合作，这并不是小缺陷。在一天之中，我们时时刻刻都需要合作。我们和别人合作能力的程度就表现在我们观看、谈吐和倾听的方式之中。如果我的观察没有错误，罪犯们看、说、听的方式都和别人不同。他们有不同的语言，我们不难猜测：他们智力的发展，可能会受到这种差异的妨害。当我们说话的时候，我们总希望每个人都能了解我们。了解本身就是一种社会因素：我们给予语言一种共同的解释，我们了解它的方式，应该是和任何其他人一样的。但是罪犯们就不是这样了，他们有私人的逻辑、私人的智慧。这些，我们可以从他们对其罪行的解释方式中看出来。他们既不是愚笨，也不是心智低下。如果我们接受了他们错误的个人优越感目标，他们的结论大部分是十分正确的。也许有个罪犯会说：“我看到一个人有条很棒的裤子，而我却没有，所以我要杀死他！”现在，假使我们也承认他的欲望都是很重要的，而且又没有人要求他以有用的方式谋生时，他的结论便是明智的。可是却太缺乏常识了。最近，在匈牙利曾经闹过一宗刑事案件。有几个妇人用毒药犯下了许多谋杀案。当其中之一被送进监狱时，她说：“我的儿子病得奄奄一息，我只好毒死他。”如果她不愿意再合作了，除此之外，她还能做些什么？她是很清醒的，但是她却有一种不同的统觉表，对事情有不同的看法。由此，我们可以了解：为什么有些罪犯在看到吸引人的东西，而想轻而易举地获取它们时，会理直气壮地认为：他们应该从这个他们不感兴趣，而又充满敌意的世界中，把这些东西夺过来。他们对这个世界有一种错误的看法，对自己的重要性和别人的重要性也有一种错误的估计。

但是，在考虑他们为何缺乏合作精神时，这一点却不是最主要的。罪犯全部都是懦夫，他们逃避着他们觉得自己的能力不足以应付的问题。除了他们所犯的罪行之外，我们可以在他们面对生活的方式中，看出他们的懦弱。即使在他们所犯的罪行里，我们也可以看到他们的懦弱。他们隐藏在僻静和黑暗中，恐吓过往行人，在行人能采取防卫措施之前，先亮出了武器。罪犯以为自己是很勇敢的，但是我们绝不可受其愚弄而作如是想。罪行是懦夫模仿英雄行径的表现，他们在追求着一种自己构想出来的个人优越感目标，他们以为自己是英雄，但是其实这又是一种错误的统觉表，也是缺少常识的表现。我们知道他们是懦夫，假使他们知道我们对这一点很清楚时，必然会大吃一惊。因为当他们觉得自己斗垮了警察时会增加他们的虚荣心和骄傲感，所以他们常常会想："我是绝不会给逮到的。"假使对每一个罪犯的生涯做仔细的探讨，我相信一定会发现：他曾经犯过许多罪而未被发觉，这是一件非常讨厌的事。当他们东窗事发时，他们会想："这次我有哪些地方失策了，下回一定要干得干净利落点！"假使他们成了漏网之鱼，他们会觉得自己已经达到目标了，他们洋洋得意，接受同伴的祝贺和赞赏。

家庭环境

我们必须破坏罪犯对其勇气和机智的这种评判方法。但是我们要在什么地方破坏它？我们可以在家庭，在学校或在感化院里做到这一点。以后，我会再描述它的要害所在。现在，我要进一步讨论能造成合作失败的环境。有时候，我们必须把这个责任让父母来担负。也许母亲技巧不够，不能使孩子和她合作：她或许认为没有人能够帮助她，或许自怨自艾自己都不能和自己合作。在不愉快的婚姻或破裂的婚姻中，也很容易看到合作的精神未被适当地发展出来。婴孩最先是和母亲合作，而这位母亲很可能不希望让她孩子的社会兴趣扩展到包括他父亲和其他孩子或成人。此外，这个孩子可能一直觉得自己是家庭中的霸王。到他三、四岁的时候，另一个孩子出生了，他从王位上被逐了下来。这些都是必须被列入考虑的因素。而且，假使你追溯罪犯的生活，你大概会发现，他的麻烦从他早年的家庭经验中便已经开始了。具有影响力的，并不是环境本身，而是孩子对其地位的误解，以及没有人在旁边开导他。

假使有一个孩子在家庭中特别杰出或天赋特别高，对其他的孩子总是一件难堪之事。这种孩子获得了最多的注意，其他人则觉得气馁而愤愤不平。他们拒绝合作，因为他们想奋力竞争却又没有足够的信心。在这些被别人的光芒所遮掩而没有机会表现自己才能的孩子身上，我们常常能看到这种不愉快的发展。在他们之间，我们可能发现罪犯、精神病患者或自杀者的影子。

缺乏合作精神的孩子上学第一天，我们就能从他的行为中看出缺点。他无法和其他的孩子交朋友，也不喜欢老师。他漫不经心，上课时也不听讲。如果老师不了解他，他可能会遭受新的打击。他会受尽冷嘲热讽，而不是谆谆鼓励和教以合作之道。无疑，他会觉得课业更乏味了。假使他的勇气和自信时时都会受到新的打击，他自然不可能对学校生活感兴趣。在罪犯的生涯中，你经常会发现他在 13 岁时，仍然停留在四年级，而且时常因为他的愚笨受到责备。他对别人的兴趣日复一日地逐渐丧失，他的目标也渐渐移向没有用的方面。

贫穷

贫穷也很容易使人对生活产生错误的解释，出身贫寒的儿童在家庭之外可能会遭到社会的敌视。他的家庭可能衣食都感到困乏，终日在愁云笼罩中和生活搏斗。他自己也可能很早就需要赚钱帮助家计。以后，当他看到许多有钱的人过着奢侈的生活，并能随心所欲购买东西时，他会觉得：他们享受的权利是不应该比他多的。这就是在贫富悬殊的大都市里，犯罪案件特别多的原因，妒忌绝不会产生有用的目标。在这种环境中的儿童很容易发生误解，以为得到优越感的方法就是对金钱的不劳而获。

生理因素

自卑感也可能集中在身体的缺陷上。这是我自己的发现之一。由于这一点，我竟然也替神经学和精神病学中的遗传理论作了开路先锋，这真是不无遗憾。但是，最初我在写由身体引起自卑感和其心灵上的补偿作用时，我便已经料到这种危险了。这种自卑感的产生不应归咎于身体，而应责怪我们的教育方法。如果我们用的方法正确，身体有缺陷的儿童对别人和对自己都会感兴趣。假使没有人在旁边帮助他们发展对别人的兴趣，他们便会只关心他们自己。当然有许多人是真的患有内分泌腺的缺陷，但是我却很乐于澄清：事实上，我们绝对无法说出某种内分泌腺的正常作用应该是什么样子的，我们内分泌腺的作用可以有相当大的变化而不损及人格。因此，这个因素必须撇开不予考虑，尤其是如果我们要找出正确的方法来使这些孩子也成为良好的公民并且有和其他人合作的兴趣时，更应如此。

社会因素

在罪犯之间，有相当大比例的是孤儿，依我的看法，我们不能在这些孤儿之间建立起合作精神，简直是我们文明的奇耻大辱。私生子也是如此——没有人挺身而出，来赢取他们的情感，并将之转移到全体人类上。被遗弃的孩子经常走入犯罪之途，尤其是当他们知道没人要他们的时候。在罪犯之间，我们也经常发现容貌丑陋的人，这个事实曾经被用来证明遗传的重要性。但是，请设身处地地想一想：容貌丑陋的人会有什么感觉，他是非常不幸的。也许他是不同种族的混血儿，没有吸引人的外貌却遭受社会的偏见。如果这一类的孩子长得很丑，他的整个生命都承受着重担，他甚至没有我们每个人都最喜欢的经历——欢乐而美好的儿童时代。但是，假使用正确的方法来善待这些孩子，他们全部都会对社会产生兴趣的。

还有一个有趣的事实是：在罪犯之间，有时候我们也会发现英俊潇洒的男孩或男人。假若前一类型的人可以被认为是不良遗传的牺牲品，天生就带有身体上的缺陷——如残手、兔唇[1]等等。对这些英俊的罪犯，我们又该怎么说呢？其实，他们也是生长在一个很难发展出社会兴趣的情境里：他们是被宠坏的孩子！你会发现：罪犯可以区分成两种类型。有一种人不知道世界上还有所谓的同胞之爱，对它也完全没有经验。这种罪犯对别人有一种敌意的态度。他的态度充满敌意，并且把每一个人都当作敌人看待。因此，他根本不能发现有人欣赏他。另一种类型是被宠坏的孩子。

①兔唇：医学上称唇裂 (cleft lip) 或唇腭裂，别称豁嘴。症状为上唇组织在唇缘与鼻基底之间出现不同程度的裂隙。——编者注

在犯人的埋怨中，我经常注意到他们断言："我会有今天的下场，都是因为我的母亲把我惯坏了。"对这一点，我们应该再详加讨论，但是我之所以在这里提起它，只是要强调，尽管罪犯所受的教养和训练都不相同，他们却都没学会合作之道。父母们可能也想把孩子教育成良好的公民，可是却不知从何下手。如果他们整天板着脸孔，事事吹毛求疵，孩子一定没有成功的机会。如果他们骄纵孩子，让他成为舞台上的主角，他就会觉得自己很重要，而不愿意作任何有创造性的努力以博取同类的赞扬。因此，这种孩子会失掉奋斗的能力，他们一直希望有人来注意他们，也一直期待着某些事情的到来。如果他们找不到可以满足他们的简单方法，他们就会开始责怪环境。

II. 罪犯类型

现在，让我们研究几个个案，来看看我们是否能发现我所说的各点，尽管这些个案的内容并不是为这个目的而写的。

案例一

我要讨论的第一个个案，是从谢尔顿（Sheldon）和埃莉诺·T·格鲁克（Eleanor T. Glueck）合写的《五百种犯罪生涯》一书中选出来的，是"百炼金刚约翰"的个案。这个男孩检讨他犯罪生涯的来由时说：

"我从没有想到我会这么自甘堕落的。一直到十五、六岁，我和别的孩子都是一模一样的。我喜欢运动，自己也时常参加。我也从图书馆借书来看，生活井井有条。后来，我的父母让我退学，要我去工作，并且把我的薪水全部拿走，每个礼拜只给我五角钱。”

这些话都是他的控诉。如果我们问他：他和父母之间的关系，如果我们能够看到他的整个家庭情境，我们就能发现他真正经历到的是什么。目前，我们只能断定：他的家庭是不太和谐的。

“我工作了将近一年，然后我开始和一个女孩子来往。她很喜欢玩。”

在罪犯的生涯中，我们经常发现：他们把感情寄托在一个喜爱玩乐的女人身上。请回想一下我们所提过的——这是一个合作程度的问题和考验。他和一个喜好玩乐的女孩子来往，可是他每星期却只有五角零用钱。我们不认为他这样做真的能解决爱情问题，他应该知道天下还有许多其他女孩子的。在这种情况下，假使是我，我会说：“如果她喜欢玩乐，那么她就不是我想要的女孩子！”可是，每个人对生活中什么东西最重要的估计，却是各不相同的。

“这年头，只凭一个礼拜五角钱，你是根本不能让女孩子玩得痛快的。老头子又不肯多给我一点。我难过得很，心里总是念念不忘：我要怎样才能多赚一点钱？”

常识会告诉他：“你应该更加努力，多赚一点钱。”但是他却想不劳而获，他希望讨好这个女孩子，来使自己高兴，其余都不管了。

“有一天我遇见了一个人，很快我们就混熟了。”

遇见陌生人是对他的另一次考验。有正当合作能力的男孩子，是不可能被引诱动心的。但是这个孩子的处境却很可能使他接受诱惑。

“他是‘老大’（换句话说，就是资格很老的窃贼。他聪明能干，精通此道，而且肯和你分享成果，又不会用卑鄙手段害你）。我们一起干了几票生意，都顺利得手了。以后我就很熟练了。”

我们还听到：他的父母有一栋他们自己的房子。父亲是一家工厂的领班，只有周末他们才能全家团聚。这个男孩是家里三个小孩之一。在他误入歧途之前，他们家里从没有人有犯罪的记录。我很想知道主张遗传的科学家对这个个案会有什么样的解释。他还承认：他在 15 岁时，便开始和异性发生性关系了。我敢断言有些人一定会批评他好色。但是这个孩子对别人并没有兴趣，他只想使自己快乐。纵情色欲是任何人都能做到的，它并没什么困难。这孩子就是想在这方面寻求别人的欣赏——他想要成为征服异性的英雄。16 岁时，他和一个同伴因为侵入私人住宅行窃而被捕了。他在别的方面的兴趣也能证实我们所说的各点。他希望在容貌上压过别人，以吸引女孩子的注意。他替她们付钱，希望能赢得她们的芳心。他戴着一顶宽边帽，领部系着一条红色的大手帕，皮带上插着一把左轮枪，并取了一个西部不法之徒的外号。他是个虚荣心很强的男孩，想要表现出英雄作风，但又没有其他的方法。控诉他的各种罪名，他全部一口承认了：“其他还多得很！”他完全不顾及别人的财产权利。

“我不认为生命有什么活下去的价值。对于一般所谓的人道，我除了最彻底的轻蔑外，就一无所有了。”

这些思想其实全部是潜意识的。他不了解它们，他也不知道它们连贯起来后的意义是什么。他觉得生命是一种负担，但是他却不明白自己为什么这么气馁。

“我学会不要信任别人。大家都说贼不互偷，其实没这回事。

我曾经有个伙伴，我对他仁至义尽，他却在暗中害我！”

“如果我有了足够的钱，我也会像平常人一样正直的。我的意思是说：我要有足够的钱可以任意花用，而不必工作。我不喜欢工作，我讨厌它到极点，以后我也绝不工作。”

我们可以把这最后一点转译如下：“该对我误入歧途负责的，是压抑。我强迫着要压抑自己的希望，结果才成了罪犯。”这一点，是值得深思的。

“我从来没有存心要犯罪过。每当我开车到某一个地方去的时候，自然就有某些东西会来招惹你，让你心痒难熬，结果只好把它带走了。”

他相信这是英雄行径，绝不承认它是一种懦弱的表现。

“我第一次被捕时，身边有价值4000元的珠宝。但是我实在想不出有什么事比找女朋友更痛快的，所以想卖点现金去看她，结果他们就捉到我了。”

这种人在他们女友身上大把地花钱，轻易地赢取了她们的好感。不过他们都认为这是一种真正的胜利。

“监狱里有各种学校，我要在这里尽我所能地接受教育——我不是要洗心革面，是要把自己打造成社会上更厉害的人物！”

这种态度表现出对人类的极度痛恨。不仅如此，他根本是不要人类了。他说：

“如果我有孩子的话，我一定要绞死他！你想我会罪恶深重到把一个人带进这世界里来么？”

现在我们该怎样感化这样的人？除了设法增进他的合作能力，并让他明白他对生活估计的错误所在以外，便别无他法了。我们只有在追溯出他儿童时代最早的误解时，才能设法劝服他。

在此个案中，我对这方面一无所知。它并未描述我所认为的重要之点。如果一定要我猜测的话，我会猜他是长子。最初像平常长子一样地受尽宠爱，以后，因为另一个孩子的出生，使他觉得权位尽失。假使我的猜测正确，你会发现：诸如此类的小事都可能妨害到合作的发展。

约翰还说："当他被送入工业感化学校后，在那里受尽了虐待。离开时，心里充满了对社会的强烈仇恨感。"对这一点，我必须说几句话。从心理学家的观点，监狱中的粗暴待遇就是一种挑战，它是对强韧性的考验。同样，当犯人们不断听到："回头是岸，重新做人"时，他们也会把它当作是一种挑战。他们要成为英雄，因此他们非常乐于接受这一类挑战。他们把它看成一种比赛：他们觉得社会在挑逗着他们，他们必须坚强地撑到底。如果一个人以为他正在和全世界作战，还有什么事比挑战更能惹火他？在问题儿童的教育里，向他们挑战也是最大的错误之一："我们看看谁比较强！我们看看谁撑得久！"这些儿童和罪犯一样，都沉迷在要成为强者的观念里。如果他们够聪明的话，他们也会知道自己是可以脱离掉这种观念的。感化院里常常对犯人们提出种种挑战，这是最恶劣的政策。

案例二

现在我想给你看的是一个谋杀犯的日记。他因为这项罪名，已经被处绞刑了。他残酷地谋杀了两个人，在犯案之前，他把自己的意向都写了下来。这部日记供给了我一个素材，让我能描述在罪犯心中进行的计划。没有哪个人在犯罪之前是没有计划的，在计划之时，他们对自己的行为必然会找出一个合理的解释。在这一类的自白书中，我从没有发现过把自己的罪行描述得简单明了的例子，也从没有发现过不想替自己行为辩解的犯人。在此，我们可以看出社会感觉的重要性。即使是罪犯，也会想和社会感觉和谐一致。同时，他还有准备消灭社会感觉，在他犯案之前，要先突破社会兴趣的厚墙。因此，在陀思妥耶夫斯基（Dostoievsky）[①]著名的长篇小说《罪与罚》中，拉斯柯尔尼科夫（Raskolnikov）[②]躺在床上两个月，考虑着他是否该去犯一项罪行。终于他用这个想法鼓起了勇气："我是拿破仑，还是一只虱子？"罪犯们经常用这一类的想象来欺骗自己，激励自己。其实，每个罪犯都知道他不是在从事着有用的生活面，他也知道生活中有用的一面是什么。然而，由于懦弱之故，他却对它置之不理。他之所以懦弱，是因为他缺乏成为有用的能力：生活的问题都是需要与人合作才能解决的问题，可是他对合作之道却一窍不通。以后，罪犯们会想解脱掉他们的负担，他们会找寻一些借口来掩饰自己的行径。例如生病、失业等。

下面都是从这部日记中摘录出来的句子：

"认识我的人都背离我了，我讨人厌，我惹人嫌，我是众人侮辱的目标（他显然很爱面子）。我的巨大不幸几乎要把我毁灭无遗。没有什么东西值得我留恋的，我觉得我无法再忍受下去了。我应该听天由命、任人宰割，可是吃饭的问题怎么办呢？肚皮可是不听指挥的啊！"

①陀思妥耶夫斯基（1821—1881）：俄国作家，代表作品《罪与罚》《卡拉马佐夫兄弟》《白痴》等。——编者注

②拉斯柯尔尼科夫：《罪与罚》一书中的主人公，他的故事可以分为犯罪与惩罚两部分。——编者注

他开始在找寻脱身之词了。

“有人预言我会死在绞刑台上。但是话又说回来，饿死和死在绞刑台上又有什么区别呢？”

在一个个案里，有个母亲对他的孩子预言道：“我知道总有一天你会绞死我！”当他 17 岁的时候，果然绞死了他的妈妈。预言和挑战是有同样作用的。

“我顾不得后果了。无论如何我总要死的。我一无所有，别人也拿我无可奈何。既然我想要的女孩子都避不见面了……”

他想要勾引这个女孩子，可是他既没有体面的衣裳，又没有钱。他把这个女孩子看作是一宗财产，这就是他对爱情和婚姻问题的解决方法。

“我也只好拿出同样的手段，设法把她俘来当奴隶，否则我就彻底灭亡！”

这种人都喜欢采取激烈的极端手段。他们像小孩子一样，或者得到每一件东西，或者什么东西都不要。

“星期四我就孤注一掷了。祭品也已经选定，我在静待着时机的到来。当它来临时，发生的将是一件没有人干得了的事。”

他是自己心目中的英雄：“它一定惨绝人寰，不是每一个人都做得出来的。”他带了一把小刀，杀死了一个大惊失色的人。这真不是每个人都做得出来的事！

“像牧羊人驱赶羊群一样，肚子也驱赶着人们去做最黑暗的罪行。可能我再也看不到太阳升起了，不过我不在乎。最可怕的事情就是饥饿的痛苦。我已经受够这种痛苦的煎熬了。最后的苦恼将是接受他们的审判。犯了罪当然要付出代价，不过死亡总比挨饿好。如果我饿死了，没有人会注意到我。可是，现在有多少人会注意我！也许有些人还会为我一掬同情之泪。我已经下定决心了，我必须干！没有一个人曾经像我今夜这么彷徨、这么害怕过。”

毕竟他不是如他自己所想象的英雄！在审讯时，他说：

“虽然我没有击中他的要害，我还是犯了谋杀罪。我知道我是注定要陈尸绞架了，遗憾的是别人穿的衣服都那么漂亮，而我却一辈子都没穿过像样的衣服。”

他不再说饥饿是他的动机了，现在他关心的倒是衣服。“我不知道我到底做了什么事。”他辩解道。辩解的方式内容或有所不同，但是他们总会来这么一手。有时候，罪犯在犯案以前会先喝酒以推卸责任。这些都证明了他们要如何努力才能突破社会感觉的厚墙。在每一件对犯罪生涯的描述中，我相信都能指出我所说过的要点。

现在，我们面临到真正问题了，我们该怎么办呢？如果我的说法正确，在每件犯罪生涯中，我们都能看到缺乏社会兴趣而又未学会合作之道的个人，在追求着虚假的个人优越感，我们又该怎么办呢？对待罪犯就像对待精神病患者一样，除非我们在赢取他们合作一事上能获得成功，否则我们就一筹莫展。然而，我却不能过分强调这一点。假使我们能使罪犯对人类的幸福产生兴趣，假使我们能使他们对其他人感兴趣，假使我们能教会他们用合作的方法来解决生活的问题，那么什么问题都没有了。如果我们做不到这点，我们就什么事也办不了。这项工作并不像它看起来那么简单。我们不能让他做简单的事情来争取他，当然我们更不能要他做他做不了的事情。我们也不能指出他的错误，并和他发生争辩，他的意志是很坚强的。他用这种方式来看这个世界已经有许多年了。如果我们要改变他，我们必须找出他行为模式的根基。我们必须发现他的失败是从什么地方最先开始的，以及造成此种失败的环境。他人格的主要形状在四、五岁的时候便已经决定了。他在犯罪生涯中表现出来的对自己和对世界估计的错误，也是在这个时候造成的。我们必须加以了解和纠正的也就是这些原始的错误。因此，我们必须寻出他的态度最初的发展。

以后，他会把他经历到的每一件事情都用他的态度来加以解释。如果他的经验和他的态度不十分符合，他会加以沉思、回味，直至其形状面目全非。假使有个人有这种态度："天下人都在侮辱我，亏待我。"他就会发现许多能使他信心更坚定的证据。他会拼命搜寻这一类的证据，对另一方面的证据则视而不见。罪犯只对他自身和自己的观点感兴趣，他有他自己观看和倾听的方式，我们常常可以看到：他对和他自己生活解释不一致的事物，一概不予注意。因此，除非我们能获知他各种解释背后的意义和他各种观点的成因，并发现他的态度最初开始时的方式，否则我们就无法劝服他。

这就是严厉刑罚总是不生效的原因之一。罪犯会把它看作是社会充满敌意及不可能与之合作的证据。这一类事情可能是在学校遭遇到的，他会因此而拒绝合作，结果不是成绩每况愈下，就是在班上捣蛋不停。因此，他会一再受到责备和惩罚。可是这样就能鼓励他和别人合作吗？不会的，他会对这个情境更感到失望，觉得大家都在和他作对。有什么人会对一个经常可能受到责备和惩罚的地方培养出兴趣呢？在这种情况下，孩子会信心全失，他对学校的工作、老师、同学再也不会感兴趣。他便开始逃学，四处游荡，寻求隐匿之所，以免被发现。在这些场所，他会找到一些和他有同样经验，又走上同样道路的孩子。他们了解他，他们不但不责怪他，反倒恭维他，并燃起他的野心，让他把希望寄托在生活中无用的一面上。当然，因为他对社会的生活要求不感兴趣，他会把他们当作他的朋友，并把一般的社会当作敌人。这批人很喜欢他，他和他们相处也觉得自在多了。就这样，许许多多的孩子加入了犯罪集团，假使在以后的生活中，我们也以同样的方式对待他们，他们会拿它当作新的证据，认为我们都是他们的敌人，只有罪犯才是他们的朋友。

这种孩子是完全不应被生活的考验击垮的。我们不应该让他们丧失希望。假使我们在学校中能培养孩子们的自信和勇气，我们便能很容易地防止这一点。以后，我们将对这种主张作更详尽的讨论，现在我们只是利用这个例子来说明：罪犯如何一贯地把惩罚解释为社会和他作对的象征。

严厉刑罚不生效果还有其他的原因。有许多罪犯并不十分喜爱他们的生命。他们之中有些人在生命的某些时刻几乎是在自杀边缘徘徊。严厉刑罚根本吓阻不了他们。他们沉迷在想击败警察的欲望里，一心一意地要证明警察对他们也无可奈何。他们把很多事物都当作是挑战，这就是他们对这些挑战的反应之一。如果警察严格苛刻，如果他们受到刻薄待遇，他们必然会拼死抵抗到底。这样做只会增加他们想比警察技高一筹的决心。他们对每一件事情都是依照这种方式来解释的。他们把他们和社会的接触当作是一种连续不断的战争，而竭力想在其中获得胜利。假如我们也抱着同样看法，那是正中其下怀。即使是电椅也可以作为这一类的挑战。罪犯们好像以为他们是在赌博，赌注愈高，他们想表现自己技艺超群的欲望便愈强。有许多罪犯之所以犯罪，都是因为这个原因。被判处极刑的犯人经常会懊悔他们为什么没能逃过警探的耳目："我要是没掉下那块手帕就好了！"

III. 合作的重要性

我们唯一的补救方法就是找出罪犯在儿童时期所遭受到的对合作的妨碍。在此，个体心理学为我们在这片黑暗大陆上投下了一片曙光，我们可以看得比较清楚了。在5岁左右，儿童的心灵就成为一个整体：他人格的许多线脉都汇聚在一起了。遗传和环境对他的发展也会有所影响。但我们对孩子带了些什么东西到这世界上来，以及他所遭遇到的经验，并不十分关心。我们注意的是他利用它们的方式，他对它们有何种看法，以及他因为它们而达到的成就。了解这一点是相当重要的，因为我们对遗传的能力其实是一无所知的。我们必须考虑的是他所处情境的各种可能性，以及他把它们运用至何种程度。

所有罪犯尚可挽救的余地是他们还有某种程度的合作，不过却不足以供应社会生活的要求。对这一点应负最大责任的是母亲。她必须知道如何扩大这种兴趣，如何把对她的兴趣扩散，直到它变成对别人的兴趣。她必须以身作则，让孩子对全体人类和自己未来的生活产生兴趣。但是，也许这位母亲不愿意让她的孩子对任何其他人感兴趣。她的婚姻可能不很美满：例如双方家长不同意，夫妻俩正考虑要离婚或他们彼此妒忌对方等等。因此，她可能希望自己能完全保有这个孩子，她宠爱他、骄纵他，不愿意让他脱离自己而独立。在这种情况下，合作的发展自然是很有限的。

对别的儿童的兴趣，对于社会兴趣的发展也是非常重要的。

有时候，一个孩子若是成了妈妈的心肝宝贝，别的孩子便不大愿意和他交朋友。当他对这种情况发生误解时，它就很容易成为犯罪生涯的起点。假使家庭中有一个杰出的天才，紧跟在他前后的孩子经常会成为问题儿童。例如，次子长得很讨人喜爱的时候，他的哥哥就会觉得自己光彩尽失。这种孩子很容易用自己遭受到忽视的感觉来欺骗自己、沉迷自己。他会到处找寻证据来证明他观点的正确。他的行为开始反常，他因此受到严厉的管束，结果他更相信自己是给塞上冷板凳了。由于他觉得受到别人的剥削，他会开始偷窃；被发现后，又饱受惩处，这样一来，他不被人所爱以及人人都在和他为敌的证据便更多了。

当父母在子女面前抱怨生活艰难、世道险恶时，他们也会妨碍其社会兴趣的发展。假使他们老是指责他们的亲戚或邻居，老是批评别人并显露出对别人的恶意和偏见，也会发生同样的事情。无疑，孩子们长大后，对其同胞的为人会产生出歪曲的看法，如果他们因此转而反对父母，我们也不必感到讶异。一旦社会兴趣受到阻碍，剩下来的就只有自私的态度了。这种孩子会觉得：“我为什么该替别人效力？”而且，当他用这种态度无法解决生活的问题时，他会犹豫不决，并找寻能使自己下台的脱罪之词。他会认为和生活搏斗是相当艰难之事，假使他伤害了别人，他也毫不在意。既然这是一场战争，那么使出什么手段都是无可厚非的！

从下面的几个例子中，你可以追溯出罪犯的发展模式。

案例一

在一个家庭里，第二个儿子是问题儿童，在我们所知的范围内，他身体十分健康，也没有遗传性的缺陷。他的哥哥是家里的宠儿，他始终像在参加一项比赛要打败他的对手一样，时时想赶上他的成就。他的社会兴趣完全没有发展出来——他对母亲的依赖非常之深，并且想尽其所能地向她索取每一样东西。在和他的哥哥竞争时，他觉得非常棘手：他的哥哥在学校里总是名列前茅，而他自己则是班上最后几名。他想要驾驭别人的欲望是非常明显的，他在家中老是对一位老女仆发号施令，让她忙得团团转，并且像士兵一样地训练她。这位女仆很喜爱他，因此在他20岁之年，她仍然让他过着扮演将军的瘾。他一直对他必须完成的工作心怀忧虑，但同时却总是一事无成。当他经济困难时，便向母亲开口要钱，虽然难免要受她的批评和指责，不过到底还是能如愿以偿。他突然结婚了，他的困难也更为增加。可是，他所关心的只是要赶在他的哥哥之前结婚，他视之为他的一大胜利。因此可见，他对自己的估价实在是太低了——他只想在这类微不足道的小事上占取上风。他根本还没有作好结婚的准备，所以夫妻俩时常吵架。当他的母亲不能像以往一样资助他时，他订购了一架钢琴又付不出价款，结果便吃上官司，锒铛入狱。在这段历史中，我们在他童年时代便看到了他以后行径的基础。他在哥哥的阴影下成长，就像一株小树被大树夺尽阳光一般。他聚集了各种印象，认为他和出尽风头的哥哥相较之下，受到了太多轻侮和忽视。

案例二

我要举出的另一个例子，是一个野心勃勃而又非常受父母宠爱的女孩子。她有一个深为她所妒忌的妹妹，不论是在家里或是在学校，她的敌意都很明显地流露出来。她一直很注意她的妹妹较受偏爱的证据，例如获得较多的金钱或糖果等等。有一天，她偷了同学的钱，被发现了，并且受到处罚。幸好，我有了向她解释前因后果的机会，她也因此摆脱了她无法和妹妹一较长短的观点。同时，我也向她的家庭解释这种情况，他们同意避免再造成妹妹较受偏爱的印象，以消除此种敌意。这是20年前的事了，现在这个女孩子已经结婚生子，成了很有声望的妇女，从那次以后，她在生活中再也没有犯过重大的错误。

我们已经考虑过对儿童的发展特别危险的各种情境，现在，我很乐于将它们作一总结。我们之所以要强调它们，是因为如果个体心理学的发现正确，那么我们就必须先认清这些情境对罪犯观念的影响，才能真正帮助他参加合作活动。容易产生特别困难的三类儿童，第一是身体有缺陷的儿童；第二是被宠坏的儿童；第三是受到忽视的儿童。身体有缺陷的儿童觉得自己被自然剥夺了天赋的权利，除非他们对别人的兴趣受到特殊的训练，他们总是比平常人关心自己，他们寻求着驾驭别人的机会。我曾经看过一个个案，一个男孩子因为追求女友被拒绝而觉得受到侮辱，结果竟唆使一个年纪比他小而且又比他笨的男孩去刺杀她。被宠坏的男孩心里总是牵系在宠爱他们的母亲身上，他们无法把兴趣扩展到世界的其他部分。没有哪个孩子是完全被弃置不顾的，若是如此，他必定连婴孩期的第一个月都无法度过。但是，在孤儿、私生子、弃婴、丑陋和残疾儿童之间，我们也发现了许多可称为受到忽视的儿童。因此，罪犯可以分为两种主要类型——丑陋而被轻视以及英俊而被宠坏——的原因，便不难了解了。

Ⅳ. 犯罪者的性格结构特征

我曾经想在我自己接触过的罪犯之间，以及我在报刊书籍读过的对罪犯的描述之中，找出罪犯的人格结构。我发现：个体心理学的主要概念，能让我们对这个情况有所了解。下面，我要从费尔巴赫（Anton von Feuerbach）[①]所著的一本古老德国书中选出几个例子，来做更进一步的说明。在这些故事中，我们可以看到犯罪心理学的最佳描述。

案例一

康拉德（Conrad K.）和一个工人合力谋杀了他的父亲。他的父亲一向轻视这个孩子，待他残暴不仁，并把整个家庭搞得鸡犬不宁。有一次，这个孩子还手打他，他就把孩子带上法庭。法官对孩子说道："你的父亲太恶劣了，实在是没办法！"请注意这位法官的话已经种下了祸因。这个家庭想尽方法要改变父亲的劣根性，但总是无计可施。后来，发生了一件更令他们失望的事情。这个父亲把一个声名狼藉的女人带回来同居了，并且把他的儿子逐出了家门。这个孩子结识了一个工人，他对孩子的处境深表同情，并劝他杀掉父亲，以绝后患。这个孩子因为母亲之故而犹豫不决，但是家中的情况却每况愈下，一天不如一天。经过长期的考虑之后，他终于同意了，借着这个工人的帮助，他杀死了父亲。在此，我们看到这个孩子甚至不能把他的社会兴趣扩展到父亲身

①路德维希·安德列斯·费尔巴哈（1804—1872）：德国哲学家和人类学家。——编者注

上。他仍然依恋着母亲，并且非常尊敬她。在他毁灭掉这些残余的社会感觉之前，他必须先找出脱身之词以减轻自己的罪状。当他从这个工人之处获得支持时，凭着一股怒气，他才下定决心犯罪行。

案例二

玛格丽特·史文齐格（Margaret Zwanziger）有个外号叫“毒药女死神”。她是在孤儿院长大的儿童，外表瘦小丑陋，因此，她就像个体心理学所说的，急于想吸引别人的注意，但却饱受冷眼。在经过许多令她心灰意懒的尝试之后，她三次试图毒死别的女人，希望能占有她们的丈夫。她觉得她们夺走了她的情人，除此之外，她就想不出其他的方法来夺回她的情人。她假装怀孕，企图自杀以获取这些男人的关怀。在她的自传里（有许多罪犯都以撰写自传为乐），她写道：“我每次做了恶事以后，都会想：‘没有人曾经为我悲哀过，我为什么要对他们的不幸感到悲哀呢？’”但是她却不了解自己为什么会这样想。这可以作为个体心理学对潜意识观点的证据。

在这些文字里，我们可以看出她如何唆使自己去犯罪，并找出自我安慰的脱身之词。当我主张要合作并培养对别人的兴趣时，总会听到这一类的说法：“可是别人对我并没有兴趣呀！”我的回答是：“反正一定要有人先开头的。如果别人不肯合作，那并不是你的事。我的看法是由你自己先开头，不必管别人合作不合作！”

案例三

N．L．，长子，教养欠佳，跛一脚，以兄代父职管理他的弟弟们。这种关系也是一种优越感目标，乍视之下，它似乎是属于有用的一面。然而，它也可能是一种骄傲和炫耀的欲望。以后，他把母亲赶出家门去行乞，并且骂道："滚你的蛋吧！老狗！"我们真要替这个孩子感到悲哀，他甚至对母亲都丝毫没有感恩之心。如果我们从他孩提之时起就知道他，我们就能看出他是如何走向犯罪生涯的。他失业了很长的一段时间，没有钱，又染上性病。有一天，在寻职不着，回家的途中，他为了要控制弟弟的微薄收入，和他发生争执并杀死了他。

在此，我们看出了他合作的极限——失业，没有钱，又加上性病。每个人都有这类的限度，超出了这个限度，他就觉得再也难以为继了。

案例四

一个最初是孤儿的孩子被一个家庭收养了，养母娇宠他到了令人难以置信的程度，他因此成了一个被宠坏的孩子。他以后的发展非常恶劣：他热衷于竞争，不断地想高人一等，并给人以深刻的印象。他的养母鼓励他，并且爱上了他。结果他变成了骗子和诈骗犯，不择手段地骗钱。他的养父母是贵族的后代，他也装出贵族的派头，花光了他们的钱，并将他们逐出了他们的房子。不良的教养和过分的骄纵使他不务正业，他认为要克服生活困难的唯一途径就是撒谎和欺骗，这使得每个人都成了他所要欺骗的对象。他的养母宁可爱他，也不要自己的丈夫和儿子，这种待遇使他觉得他有获取每样东西的权利。但是，他认为自己无法用正当的方法来获取成功，这又显示出他对自己的能力过分低估。

我们已经指出：任何孩子都不应该受到这种令人气馁而且对

合作又毫无助益的自卑感之害。在生活的问题面前，并没有哪个人是注定要被击败的。罪犯都采用了错误的方法，我们必须向他指出他是在什么地方，为什么采用这种方法，同时，我们还要鼓励他对别人发生兴趣并且和别人合作。如果大家都完全认清：犯罪是懦弱而非勇敢，那么我相信：罪犯最大的自圆其说便再也站不住脚，而且再也没有小孩子愿意在未来走上犯罪之途。在所有罪犯的个案里，不管对它们的描述是否正确，我们都能看到儿童时期错误生活方式的影响，这种样式都表现出缺乏合作的能力。我宁可说合作的能力是必须加以训练的，它是否由遗传而来根本不应成为问题。当然，合作的潜能是天生的，每个人都有这种潜能，要使它发展出来，还得加以训练和练习。依我看来，关于犯罪的其他观点都是多余的，除非我们能造就精通合作之道同时又是罪犯的人。我从没遇见过这种人，我也从未听说过有人遇见过这种人。防范犯罪的最佳方法就是适当程度的合作。只要这一点未被认清，我们就无法期望能避免掉犯罪的悲剧。教孩子合作就像教他们地理课一样，因为它是一种真理，真理必然是可以传授的。不管是成人还是儿童，假使他没有充分准备就去接受地理科考试，他必然会遭到失败。同样地，不管是成人还是儿童，假使没有充分准备，就到一个需要合作知识的情境去接受考验，那么他也会一败涂地。

V. 如何矫治犯罪行为

我们的各种问题都是需要合作的知识的。我们对于犯罪问题的科学探讨已经到达结束阶段，现在我们必须鼓起勇气，面对事实。人类已经过了千万年仍然找不出应付这个问题的正确方法。曾经被施用过的方法似乎都不生效，而这种悲剧也依旧紧跟着我们。我们的研究已经找出此种现象的原因是：我们从未采取步骤来改变罪犯的生活方式，并预防错误生活方式的发生。缺少了这些，任何方法都是不会产生真正效果的。

让我们重新回忆一下我们的结果。我们已经发现：罪犯并不是特殊的人类，他和其他人一模一样，他的行为也是人类行为合理的衍变。这是一个非常重要的结论：假使我们了解犯罪本身并不是孤立的事件，而是生活态度的病征，假使我们能看出这种态度是如何造成的，而不把它视为根本解决不了的问题，那么我们便能抱有足够的信心，来从事改变它的工作。我们发现：罪犯都已经用不合作的思想和行为把自己训练了很长的一段时间，这种缺乏合作的根基可以追溯到最早儿童时期，大约四、五岁的时候。在这段期间，他对别人兴趣的发展发生了阻碍。我们已经描述过这种阻碍和他的母亲、父亲、同伴、周围的社会偏见，以及环境的困难等因素之间的关联。我们已经发现：在形形色色的罪犯之间，在各种不同的失败者之间，他们最主要的共同点就是缺乏合作精神，缺乏对别人及对人类幸福的兴趣。假使我们想要有点作为，我们就必须培养他们的合作能力。除此之外，别无他途，每件事情都取决于他是否具备合作能力这个因素。

罪犯和其他的失败者有一点不同之处。虽然，他在长期反抗合作之后，已经像其他人一样地失去了在正常的生活工作上获取成功的信心，但是，他还保有某些活动，只是这些活动都被他投向了生活中无用的方面。他在这些无用的方面非常活跃，而且在此方面他也能和他属相同类型的罪犯互助合作。这一点，他和精神病患者、自杀者、酗酒者都不相同。然而，他的活动范围却非常有限，有时候，他活动的可能性就只剩下犯罪。有些罪犯甚至不涉及整个犯罪领域，而只一次又一次地犯下同一种罪行。这是他活动的世界，他把自己禁锢在这狭小的天地里。在这些环境中，我们可以看出他到底丧失了多少勇气。他是必定会丧失勇气的，因为勇气只是合作能力的一部分而已。

罪犯日夜都在准备着犯罪所需要的手段和情绪：他白天计划，夜晚则做梦以清除残余的社会兴趣。他一直在找寻着能减轻犯罪感的脱身之词，以及迫使他不得不犯罪的原因。要击破社会感觉的壁垒并不容易，它具有相当大的抗拒力；但是假使他计划要犯罪，他总得想出一个办法——也许是回忆他所受过的冤屈，也许是培养愤恨的情绪——来克服此种障碍。这能帮助我们了解他为什么不断地在找寻对环境的解释以坚定他的态度，也能帮助我们了解：和他辩论为什么总是一无所获。他以自己的眼光在看世界，他对自己的论点已经准备了一世之久。除非我们能发现他的态度是如何发展出来的，否则我们就无法期待能使他改变。然而，我们却具有一项他无法抗衡的利器，那就是我们对别人的兴趣。它可以让我们找出真正能够帮助他的方法。

罪犯在开始筹划犯罪时，都是当他身处困境，没有勇气以合作的方式来面对它，而又想找出轻易的解决方式之时。这种情况特别容易发生在他需要钱用的时候。像所有的人类一样，他也在追求着安全感和优越感的目标，他也希望要解决困难，要克服障碍。然而，他的追求却落在社会的架构之外：他的目标是想象出来的个人优越感目标，他获得这种目标的方法是设法使自己觉得自己是警察、法律和社会组织的征服者。破坏法律、逃避警察、逍遥法外——这些都是他和自己在玩的把戏。比方说，当他使用毒药害人的时候，他会相信这是他个人的巨大胜利，而且他会一直这样欺骗自己、麻醉自己。他在初次落入法网以前，通常都已经得手过许多次，因此他在东窗事发时的想法大概多是："假使我再聪明一点，我就逃过去了！"

从上面所述各点，我们可以看出他的自卑情结。他逃避着劳动的情境以及必须和别人发生联系的生活工作。他觉得自己的能力不足以获得正常的成功。他不肯和人合作的习性会更增加他的困难，因此大部分的罪犯都出自非技术性的劳工。他发展了一种毫无价值的优越感来隐藏起他的自卑情结。他一直在想象自己是多么勇敢，多么出类拔萃，但是我们能够把一个生活战线上的逃兵称为英雄么？罪犯其实是生活在醉梦里，他根本不知现实为何物，他必须尽力使自己不要面对现实，否则他就非放弃他的犯罪生涯不可。因此，我们会发现他在想："我是世界上最伟大的强人，那个人我看不顺眼，我就可以打死他！""我比任何人都聪明，因为我干了坏事，仍然能逍遥法外！"

我们也已经看过：在生命最初一年心理负担过重的儿童和被宠坏的孩子在以后是如何走上犯罪道路的。身体有缺陷的儿童需要特别的照顾，这样才能把他们的兴趣引导到别人身上，被忽视的、不受欢迎、不被欣赏，或讨人厌的儿童也都处于类似的情境：他们没有和别人合作过的经验，他们也不知道合作可以使他们受人喜欢、赢取别人情感并解决问题。被宠坏的孩子从来没有人教过他要凭自己的力量来获取东西，他们以为只要自己开口要求，这个世界就会急着来迎合他的需要，假使别人不能听凭他索取要求，他就觉得别人待他不公，从而拒绝合作。在每个罪犯背后，我们都能追溯出诸如此类的历史。他们未曾受过合作的训练，他们仍没有合作的能力，每当他们遇到问题的时候，他们也不知道如何应付才好。因此，我们知道我们该做的事就是：教给他们合作之道。

我们已经有了充分的知识，而且到目前为止，我们也已经有足够的经验。我确信个体心理学已经告诉我们：如何改变每一个罪犯。但是，请想想看，如果要找出每一个罪犯，给予个别的矫治，以改变其生活方式，那该是件多么艰巨的工作！很不幸，在我们的文化里，大部分人在他们的困难超过某一限度之后，合作的能力就荡然无存了。结果在经济不景气的时代，犯罪案件便大量增加。我相信：假使我们要用此方式来扑灭犯罪，我们必须矫治人类种族的一大部分。我敢断言：要立竿见影地把每一个罪犯或潜在性罪犯都改造成循规蹈矩的人，是绝对无法办到的。

然而，我们还有很多可以做的事情。即使我们不能改变每一个罪犯，我们也能够采取某些措施，来减轻不足以应付生活问题者的负担。例如关于失业和缺乏职业训练等问题，我们应该设法使每个愿意工作的人都能获得职业，这是降低社会生活的要求以使大部分人类不致丧失最后合作能力的唯一办法。无可置疑，假使这一点做到了，犯罪案件必然会减少。我不知道我们的时代是否能够使人不受经济问题的困扰，但是我们却应朝此方向努力迈进。我们还应该给予孩子较好的职业训练，以使他们能较妥善地面对生活，并拥有较大的活动空间。在这方面，已经有了相当的成绩，我们该做的，只是再加强我们的努力而已。虽然我们不可能对每一个罪犯施予个别矫治，我们却能以集体矫治来帮助他们。比方说，我们可以和许多罪犯一起讨论社会问题，正如我们在这里考虑这些问题一样。我们可以问问题让他们来回答；我们应该开启他们的心灵，使他们从迷梦中觉醒过来；我们应该使他们抛弃其对世界的个人解释，以及他们对自己能力的过分低估。我们应该教他们不要限制住自己，并消除他们对必须面临的情境和社会问题的恐惧。我敢断言：从这一类的集体矫治中，我们一定能取得巨大的成果。

在我们的社会生活中，我们还应该消除能被罪犯或穷人视为是挑战的每一件事物。如果社会上贫富悬殊，贫穷的人必然会愤恨不平，而蠢蠢欲动。因此，我们应该铲除虚靡浮华的风气，只让少数人坐拥巨富，日耗千金，都是不应该的。在矫治落后儿童和问题儿童时，我们发现：用考验他们的力量来向他们挑战，是完全没有用的。因为当他们以为自己是在和环境作战时，他们便会坚持自己的态度不肯相让，罪犯亦是如此。在世界上，我们都可以看到：警察、法官甚至是我们制定的法律，都在向罪犯挑战，勾起他们的敌忾之心。威吓是没有什么用的，假使我们沉静一点，不提罪犯的姓名，也不公布他们的事迹，那么情况可能会好得多，这种态度是需要改变了。我们不应继续认为严厉制裁或柔和政策能够改变罪犯，他只有更清楚地了解自己的处境时，才能发生改变。当然我们必须宅心仁厚，我们不要以为严刑厉法能够吓阻住他们。我们说过，严厉刑罚只会增加这场竞赛的刺激性，即使罪犯坐上了电椅，他们也只会为自己行事不慎而感到遗憾。

如果我们更加努力地找出应该对犯罪负责的人，那么对我们的工作必然有所益助。据我所知，至少有 40% 以上的罪犯逃过了警察的耳目，这个事实无疑会助长他们的气焰。犯了罪而未被发现，这等于是给他们增加经验的机会。关于这些有一部分我们已经予以改进了，而且我们也正朝着正确的方向进行。还有一点很重要的是：不管在监狱中或在出狱后，都不可以羞辱犯人或向他挑战。如果能够找到适当的人选，我们宁可增加监视缓刑的人，不过这些人对社会的问题和合作的重要也应有确切的认识才行。

通过这些方法，我们可以做好许多事情。然而，我们仍然无法如我们所愿地使犯罪的数目大量减少。幸好，我们另外还有一个非常实用而且非常成功的方法。假使我们能够训练我们的孩子，使之具有适当的合作能力，假使我们能发展他们对别人的兴趣，那么犯罪的数目便会大量减少，而其效果也是指日可待的。这些孩子将不容易受人利用或被人煽动：无论他们在生活中遇到什么样的麻烦或困难，他们对别人的兴趣都不会丧失，他们和别人合作以及圆满地解决问题的能力都会比我们这一代来得高。大部分的罪犯很早就开始他们的犯罪生涯了，他们通常起始于青春期，在 15 岁和 28 岁之间犯罪案件是最多的。因此，我们的努力很快便能见到成效。不仅如此，我敢断言：教养良好的孩子也会影响他们的整个家庭生活。独立、乐观、高瞻远瞩而且发展良好的儿子是父母们最大的安慰和帮手。合作的精神很快就会遍及全世界，而人类的整个社会风气也会提升至较高的水准。在我们影响孩子的同时，我们也影响了父母和教师。

剩下来的唯一问题是我们应该如何选择最佳的攻击点，以及用什么方法来发展儿童，使他们能负担起日后生活的工作和问题。我们该训练所有的父母吗？不是的，这个方案并不能带给我们多大的希望。父母们是很难掌握住的，最需要训练的父母都是最不愿意和我们见面的父母。我们无法接近他们，因此我们必须另觅他途。那么，我们是否应该把所有的儿童都集中起来，看着他们成长，并终日监视着他们？这个方案似乎也好不了多少。然而，我们却有一个实际可行，而且又能真正解决问题的方法，那就是我们可以利用教师作为推进社会进步的动力：我们可以训练教师来纠正儿童在家庭中养成的错误，并发展他们的社会兴趣，使之扩展到别人身上，这是学校自然的发展方向。由于家庭不能教导孩子应付日后生活的所有问题，人类才设立了学校作为家庭的延伸。我们为什么不该利用学校来使人类更富社交性、更合作、对人类幸福更感兴趣呢？

你将会看出：我们所有的活动都必须以下列的理想为基础。简略言之：我们在现代文化中所享受的各种利益，都是许多人奉献出自己力量的结果。假如个人不合作，对别人不感兴趣，而且也不想对团体有所贡献，他们的整个生活必然是一片荒芜，他们身后也留不下一丝踪迹。只有奉献过的人，他们的成就才会保留下来。他们的精神才会持续下去，他们的精神才会万古长存。如果我们以此作为教导儿童的基础，他们自然会喜欢合作。如果他们面临困难，他们也不会示弱。他们有足够的力量来面对最艰难的问题，并以符合众人利益的方式来解决它们。

十 职业

1. 平衡人生的三条系带[①]

束缚人类的三条系带构成了人类的三个问题。但是这三个问题是不能够分开来解决的，它们任何一个都仰赖于其他两个问题的顺利解决。第一条系带构成了职业问题。我们居住在地球的表面上，我们拥有的只是这个星球的资源：只是它的土地、矿产、温度和大气。为这些情况给予我们的问题寻求解答，一直是人类的主要工作。即使在今日，我们也不能以为我们已经找到了十全十美的解答。在每一个时代，人类都会找出某一水准的解答，但是无论如何，人类总是要不断

---

①系带：主要用于捆扎包装物的窄形织品。生活中随处可见系带物品比如鞋带、各种绳子、甚至人体内部都有很多系带。此处的系带指的是把人类个体与环境、社会和他人联结在一起的纽带。——编者注

地追求进步和更高的成就。

我们所拥有的解决这个问题的最佳方法，和第二个问题有密切关联。束缚人类的第二条系带是：他们同属于人类的种族，而且生活在和他们所面临的三个问题的联系之中。假使某一个人单独居住在地球上，而从未见过同类，那么他的态度和行为必定迥然不同。我们必须时时刻刻和别人接触、迎合他们，并且对他们感兴趣。这个问题的最佳解决方法是友谊、社会感觉和合作。这个问题的解决对于解决职业问题有莫大的益助。

由于人类学会了合作，所以我们才形成了分工的方法，这种形成是人类幸福的主要保障。假使每一个人都不愿意合作，也不愿仰赖过去人类的成果，而只想凭一己之力在地球上谋生，那么人类的生命必然没有再延续下去的可能。经由分工，我们可以利用许多种不同训练的结果，并将许多不同的能力组织起来，以使它们对人类共同的幸福有所贡献，并保证人类的安全和增加社会所有成员的机会。当然，我们不能夸口说我们已经达到尽善尽美的地步，也不能装得好像分工制度已经达到其发展的最高峰。但是，假使我们想解决职业问题，我们就必须在人类分工合作的架构中占一席之地，并且为别人的利益奉献出我们的力量。

有些人试图要逃避这种职业的问题，他们不愿意工作，对人类共同的兴趣也漠不关心。然而，我们会发现：他们虽然不愿面对这个问题，其实他们却总是恳求着别人的帮助。他们依赖别人的劳动为生，自己本身却一无贡献。这是被宠坏孩子的典型生活方式：当他面临问题时，总是要求别人出力帮他解决困难，破坏人类的合作，并且把不公平的负担加在热心于解决生活问题的人身上，主要也是这批被宠坏的孩子。

人类的第三条系带之一是：他是男女两种性别之一，而非另一种性别。他（她）在延续人类生命一事上所占的地位，有赖于他向异性的接近，以及其性别角色的履行。两性之间的关系也构成了一个问题，而且它也是不能和另外的两个问题分开来解决的。要成功地解决爱情和婚姻的问题，一个对人类分工有所贡献的职业是绝不可少的，和其他的人类保持友善的接触也是很必要的。依据我们的研究，在我们的时代，对这个问题最完美的解决方法，也是最能符合社会要求和分工制度的解决方法，就是一夫一妻制。从个人对这个问题的解决方式中，可以看出他的合作程度。

这三个问题是永远分不开的，它们彼此互相交缠着，解决了一个问题必定有助于另一个问题的解决。因此我们可以说：它们其实是同一种情境。同一种问题的各个不同层面，这个问题就是：人类必须在他发现了自己的环境中，保存生命，发扬生命。

II. 职业的早期训练

家庭和学校的影响

在此，我们愿意再重述一次：以尽母亲天职而对人类生活有所贡献的妇女，也像任何其他人一样，在人类的分工制度中占有高尚的地位。如果她对其子女的生命抱有浓厚的兴趣，而努力要使其成为健全的公民，如果她致力于扩展他们的兴趣，并教之以合作之道，那么她对人类的贡献便是无可估计的。在我们的文化中，母亲工作的价值经常被过分低估，并且被视为不是很吸引人或很有尊严的工作。它只能获得间接的报偿，而以此作为主要职业的女性通常在经济上也不得不依赖别人。然而，一个家庭的成功与否，母亲的工作和父亲的工作是同等重要的。不管母亲是在家主持家务或出外独立做事，她作为母亲的工作地位是绝不比她丈夫的工为地位低的。

母亲是第一个影响她子女职业兴趣发展的人。在生命最初四、五年间所受的训练和努力，对孩子在成年后生活中的活动范围有决定性的影响。每当有人要求我作职业辅导时，我总会问他人生开始时情形如何，以及他在有最初记忆时对什么东西最感兴趣。他对这段期间的记忆显示出他一直是在用什么思想来训练自己，它们表现出他的原型以及他的统觉表。对于最初记忆的重要性，以后我还会再谈。

训练的第二步骤是由学校执行的。我们相信我们的学校现在正逐渐增加对儿童未来职业的注意，并训练他们眼、耳、手等官能的技巧。这种训练和一般学科的教学是同样重要的。然而，我们不可忘记：一般学科的教学对儿童的职业发展有着不可磨灭的重要性。我们经常听到人们在以后的生活中诉说：他们已经把在学校中所学的拉丁文或法文完全忘光了，但是，这些科目仍然是应该教授的。综合过去的经验，我们发现，在研读这些科目时，使得心灵的各种功能都有受到训练的机会。有些新式的学校特别注意职业训练和工艺训练，这种方式也能增加儿童的经验并提高他们的自信心。

发挥孩子的兴趣

假使孩子从儿童时代便已经决定他将来喜欢从事哪一种职业，那么他的发展便会简单得多。如果我们问孩子：他们以后想做什么事，他们大多会有一个回答。这种回答都不是经过详细考虑的，当他们说以后要当飞机驾驶员或汽车司机时，他们也不知道自己为什么要选择这门行业。我们的工作就是要找出其潜在动机，以发现他们努力的方向，推动他们前进的力量，他们的优越感目标，以及他们要使其具体实现的方案。他们的回答只能让我们知道在他们心目中哪种职业是最优越的。可是从这个职业，我们还可以看出能帮助他们抵达其目标的其他机会。

12 岁至 14 岁的孩子大致会更清楚他们以后所要从事的职业，假使一个孩子到这个年纪还不知道自己将来要做些什么，那我真要为他感到悲哀。他在表面上的缺乏雄心并不意味着他对什么事情都不感兴趣。他可能野心勃勃，可是却没有足够的勇气来说出他的野心是些什么。在这种情况下，我们必须耐住性子寻出他的主要兴趣来加以训练。有些孩子，在 16 岁结束高中学业之时，对自己未来的职业仍然拿不定主意。他们经常是品学兼优的学生，但是对以后的生活却一点主意也没有。如果详加注意，我们会发现：这些孩子大多野心勃勃，不过却不肯真正与人合作。他们没有找到他们在分工制度中所该走的途径，也无法及时寻出实现其野心的具体方法。因此，早一点问孩子们希望从事哪种职业，是很有益处的。我时常在学校里提出这个问题，来引导孩子们思考这一点，以免他们将之忘却或隐藏其答案。我还问他们为什么要选择这种职业，他们通常都会很仔细地告诉我。在孩子们对某种职业的选择里，我们可以看出其全部的生活方式。他会告诉我们：他努力的主要方向和他认为生活中最有价值的东西是什么。我们必须任他选择他认为最有价值的职业，因为我们也无从判断哪种职业较高尚，哪种较低下。如果他脚踏实地地在做自己的工作，而且也专心致力于为别人奉献出自己，那么他便是和任何其他人一样有用的。他的唯一职责就是训练自己，设法支持自己，并在分工制度的架构中安置下自己的兴趣。

还有些人不管选择了哪一种职业都不会感到满意。他们想要的不是一个职业，而是保证其优越地位的方法。他们不希望应付任何的生活问题，因为他们觉得生活根本就不应该向他们提出问题。这些人是被宠坏的孩子，他们只盼望能获得别人的资助。也许有一大部分的男人和女人对他们在最初四、五年间所摸索出来的方向真正感兴趣，可是由于经济的因素或父母的压力，他们却不得不面对另一个方向，去从事一门他们不感兴趣的职业。这件事也能证明儿童时期训练的重要性。假使我们在一个孩子的最初记忆中，发现他对视觉的事物有兴趣，我们便能推测他可能适合于必须运用到眼睛的职业。在职业辅导中，最初记忆是绝不可忽视的。有些孩子也许会提起某人对他说话的印象，或是风吹、铃响的声音，我们便知道他是属于听觉型的，而且可能适于从事和音乐有关的职业。在其他的回忆里，我们还会看到动作的印象，这些人比较偏好于活动，他们也许对户外工作或旅游业比较感兴趣。

人类最常见的努力之一是超越家庭中的其他成员，尤其是比父亲或母亲更进一步，这是一种很有价值的努力。我们非常乐于看到孩子们青出于蓝而胜于蓝。而且，假使一个孩子希望在他父亲的行业中胜过其父亲，他父亲的经验便能供给他一个很好的开始。一个孩子的父亲如果服务于警界，他通常都会有成为律师或法官的野心；假使他的父亲受雇于诊所，这个孩子很可能希望将来自己能当医师；假如父亲是教师，儿子很可能会希望成为大学的教授。

角色扮演

在观察儿童时，我们经常可以看到他们在训练自己从事某种成年生活中的行业。比方说，有时候，有个孩子会希望成为教师，结果我们就能看到他带领着一群孩子，在玩学校上课的游戏，孩子们的游戏能让我们看出他的兴趣所在。希望要成为妈妈的女孩子，会喜欢洋娃娃，并培养自己对婴孩的兴趣。有些人以为：假使我们给她们洋娃娃，我们会使他们脱离现实。其实她们是在训练自己认同母亲，并从事母亲的工作。她们是应该这么早就开始练习的，假使太晚了，她们的兴趣会固定而不易变更。有些孩子会表现出浓厚的机械或技术兴趣，假使他们能达成其心愿，这也会成为以后生活中良好职业的基础。

还有些孩子一向不愿意登上领袖的位置。他们的主要兴趣是找一个领袖来跟随，这个领袖就是肯收留他作为下属的儿童或成人。这并不是一种良好的发展，假使我们能降低这种卑顺倾向的话，我一定会觉得非常高兴。如果我们不能使之停止，这种儿童在以后的生活中将不能居于领袖的地位，依照他们的意愿，他们会选择小职员的职位，从事一些每一件事情都已经被人预先安排好的例行工作。

在无意中遇见生病或死亡等问题的儿童，对这些事情会保留有浓厚的兴趣。他们会希望成为医师、护士或药剂师。我相信他们的努力是应该加以鼓励的，因为我发现：拥有这种兴趣而成为医师的人，都是早就开始训练自己，并且非常地喜欢他们的行业。

有时候，死亡的经验还可能以另外一种方式来加以补偿。有些孩子可能希望以艺术或文学的创作来求取永生，有些则可能献身于宗教事业。

III. 影响职业选择的其他因素

游手好闲、好吃懒做等逃避就业的错误训练，也是从生命早期便开始的。当我们看到这样的孩子在以后的生活中逃避困难时，我们必须以科学的方式找出其错误的成因，并以科学的方法来纠正他。假使我们居住在一个四体不勤、五谷不分便能随心所欲获得任何东西的星球上，那么懒惰可能成为美德，而勤劳则为人所不齿。然而，从我们和我们所居住的地球之间的关系看来，我们可以了解：对职业问题合乎逻辑的解答，和常识符合一致的解答，就是我们必须工作、合作和奉献。以往，人类一直是凭直觉感觉到这一点，现在我们则是从科学的角度看出其重要性。

从儿童早期便开始的训练，在天才的身上最为明显。我相信：天才的问题能使我们对这个题目更为了解。只有对人类的共同福利有杰出贡献的个人，人们才称之为天才。我们无法想象身后对人类没有留下丝毫利益的天才究竟是什么样子。艺术都是全体人类精诚合作的结晶，伟大的天才也提高了我们的整个文化水准。荷马（Homer）[①] 在他的《史诗》中只提到三种色彩，而用这三种

①荷马（约前9世纪—前8世纪）：古希腊盲诗人，著有《荷马史诗》（分为《伊利亚特》和《奥德赛》两部分），此书开创了西方文学的先河，荷马堪称西方文学的始祖，《荷马史诗》亦是研究古希腊风土人情的宝贵的资料。——编者注

色彩来描述所有颜色的区别。无疑，人们在那个时代已经注意到更多的色彩差异，但是这种差异似乎是微不足道的，所以也没有为它们命名的必要。是谁教我们分辨出各种色彩，让我们能称呼它们的名字呢？我们必须说：这是画家和艺术家的功劳，作曲家们也曾经将我们听觉的精密性提高至相当水准。现在我们之所以能够用谐和的音调代替原始人单调的声乐，都是音乐家们所赐，他们润泽了我们的心灵，并且教我们如何训练我们的功能。是谁增加了我们心灵的深度，让我们谈吐幽雅，思想深邃？那是诗人。他们润饰了我们的语言，使之更富于弹性，并适用于生活的各种用途。天才是人类中最合作的人，这应该是没有什么问题的。在他们行为和态度的某些方面，我们或许看不出其合作能力，但是我们却能从其生命的整个历程中看出它来，他们并不像其他人那样的易于合作。他们的道路崎岖难行，路上险阻甚多。他们经常是以有重大缺陷的器官作为起始点的。几乎在所有杰出者的身上，我们都能看到某种器官上的缺陷，因此，我们能得到一种印象。认为他们在生命开始时便命运多艰，可是他们却挣扎着克服了种种困难。我们尤其能注意到他们是多么早便固定下其兴趣，以及他们在儿童时期是如何吃苦耐劳地训练自己。他们磨练着他们的理性，使之能够接触世界上的各种问题，并能够加以了解。从这种早期的训练，我们可以断言：他们的成就和他们的天才是他们自己创造出来的，而不是遗传或上苍的赐予。他们努力奋斗，使得后世能分享其余荫。

早期的努力是晚年成功的最佳基础。假使我们让一个三、四岁的小女孩单独玩耍，她开始为她的洋娃娃缝制一顶帽子。当我们看到她在工作时，赞扬她几句，并告诉她怎样才可以把它缝得更好。她受到激励后，会更加努力改进其技艺。但是，假设我们叫道："把针放下去！你要刺到手了，你根本不需要自己做帽子，我们出去买一顶更漂亮的！"她会马上放弃掉她的努力。假使我们在日后的生活中比较这两个女孩子，我们会发现：第一个已经发展出艺术的爱好；第二个却不知道自己能做些什么事，她会以为她买来的东西一定比她自己做得好。

如果在家庭生活中过分强调了金钱的价值，孩子们会只凭收入的多寡来看职业的问题。这是一个很大的错误，因为这种孩子所遵循的不是他能贡献于人类的某种兴趣。当然每个人都应该谋求自己的生活，而且，忽略了这一点的人也真的会使自己成为别人的负担。但是，只对赚钱有兴趣的人必定会和合作之途背道而驰，而只追求着他自己的利益。假使"赚钱"是他的唯一目标，而其社会兴趣又非常欠缺，那么他就没有不能用抢劫或欺诈来获得钱财的理由。即使情况不是这么极端，他赚钱的目标中还包含有少量的社会兴趣，可是他虽然已经腰缠万贯，他的所作所为对于别人仍然毫无益处。在我们这个光怪陆离的时代，致富之道何止万千，即使是旁门左道，有时候也会为人带来巨富。对此，我们不必感到惊讶。虽然我们绝不敢说：刚正不阿、有所作为的人一定能马到成功，但是我们却敢断言，他能使其勇气保持不坠，并不失其自尊。

职业有时候可以用来作为逃脱爱情和社会问题的借口。在我们的社会里，经常有许多人利用事业忙碌作为逃避爱情和婚姻问题的方法。一个狂热地献身于事业的男人，可能想道："我没有时间可以花在我的婚姻上，因此我不应对它的不美满负责。"尤其是在精神病人之间，爱情和社会这两个问题，是他们竭力要设法逃避的。他们若不是回避异性，就是用错误的方法接近异性。他们没有朋友，他们自己对别人也不感兴趣。他们只是夜以继日地忙着自己的事业，白天想，晚上做梦时也在想。他们使自己长期地处于紧张状态中，结果诸如胃溃疡之类的病出现了。现在，他们更能以胃部疾患作为推辞爱情和社会问题的借口了。还有些人老是喜欢变换职业，他们一直以为他们能够找到更适合于自己的职业。他们到处游移不定，结果总是一事无成。

Ⅳ. 培养孩子的兴趣

对于问题儿童，我们应该做的第一步就是找出他们的主要兴趣。由这一点入手，要比对他们作整体性的鼓励容易得多。如果是未曾找到合适职业的年轻人，或是在职业上失败的中年人，我们应该找出他们真正的兴趣，一面利用它对他们作职业辅导，一面帮他们寻找就业机会，这并不是很容易的事情。在我们这个时代，失业问题是相当严重的。如果是在一个每个人都致力于合作的时代，这种现象是不应该存在的。因此，我相信：每一个了解合作之重要性的人，都应该努力消除失业的现象，使每个愿意工作的人都有工作可做。我们可以用增设职业学校、技术学校，或推行成人教育等方法来帮助失业者提高自身素质。有许多失业者都是无一技之长的人，他们中有些人也许从未对社会生活产生过兴趣。社会上有许多不学无术的人和对共同利益不感兴趣的人，这是人类的沉重负担。这些人觉得自己屈居人下，不如别人。因此，我们不难理解：为什么罪犯、精神病患者和自杀者大多数是知识程度较低的人。由于他们缺乏训练，他们总是落在别人后面。父母、教师及所有对人类未来的进步和发展感兴趣的人，都应该努力让孩子们接受更好的训练，从而使他们进入成年人的生活时，不至于在分工制度中无法占有一席之地。

十一

人及其同伴

I. 人类需要团结

人类最古老的努力之一，是和其同类缔结友谊。我们的种族是由于我们对我们的同类有兴趣，才日渐进步的。在家庭的组织中，对别人的兴趣是不可或缺的。我们往回追溯我们的历史，不管在哪一时代，我们都可以发现人类在家庭中团结一体的倾向。原始部落以共同的符号把自己团结在一起，这种符号的目的是使人们和其同胞团结合作。

宗教信仰

最简单的原始宗教是图腾崇拜[①]。一个部落可能崇

---

①图腾崇拜：将某种动物或植物等特定物体视作与本氏族有亲属或其他特殊关系的崇拜行为，是原始宗教的最初形式，一般以动物居多。“图腾”一词是18世纪末叶，由约翰·朗格在《一个印第安议员兼商人的航海与履行》一书中首先创造。“图腾”（totem）来源于北美阿尔昆琴（Ojibwa）印第安人的方言Ototeman，意为“他的亲族”或“他的氏族”，澳洲则有“科旁”（Kobong）一词与图腾同意。相当于是整个部族的标记。许多氏族往往以它命名。将“图腾”一词引进我国的是清代学者严复，他于1913年译英国学者甄克思的《社会通诠》一书时，首次把“totem”一词译成“图腾”，成为中国学术界的通用译名。——编者注

拜蜥蜴，另一个则可能崇拜水牛或蛇。崇拜同样图腾的人会居住在一起，彼此互相合作而亲如手足。这些原始习惯是人类使合作固定化的重大步骤之一。在原始宗教的祭祀日，每一个崇拜蜥蜴的人都会和同伴聚集在一起，讨论农作物的收获问题，以及如何防卫自己，以免遭到天灾人祸、洪水猛兽的侵害。这就是祭祀的意义。

婚姻通常都被认为是一件涉及团体利益的事情。具有相同崇拜的弟兄都必须遵照社会的规定，在自己团体之外找寻配偶。我们应该认识到：婚姻并不是私人的事情，而是全体人类在心灵上和精神上都必须参与的共同事务。结婚之后，双方都必须负起某些责任，这是整个社会对他们的期待。社会希望他们生育健全的子女，并以合作的精神将之抚育成人。因此，在每一对婚姻中，每一个人都应当乐于合作。原始社会用图腾和复杂的制度来控制婚姻的方法，在今日看来，也许相当可笑，但是它们在当时的重要性则是不容忽视的，它们的真正目的在于增加人类的合作。

宗教中最重要的教诲之一是“爱你的邻居”。在此，我们又看到另一种想要使人类增加对同类兴趣的努力。有趣的是：现在从科学的立场，我们也能够证实此种努力的价值。被宠坏的孩子问我们：“为什么我应该爱我的邻居？他们为什么不先来爱我？”这句话显露出他对合作的缺乏训练和他的自私自利。在生活中会遭遇最大困难，并做出损人利己之事的人，就是对其同胞不感兴趣的人。人类之中所有的失败者都是从这批人中孕育出来的，各种不同的宗教都以自己的方式在鼓吹着合作。站在我的观点，任何人类的努力，只要是以合作为最高目标的，我便完全赞同他。争执、批评和贬抑对方都是不必要的。我们还不知道什么是绝对的真理，因此，通往合作的最终目标也有许多不同的途径。

政治与社会活动

在政治上，我们知道：世界上存在许多种政治制度都是可行的，但是，其中如果缺少了合作精神，那不管是谁来执政，都必将一事无成。每一个政治家都必须以人类的进步作为其最后目标，而人类的进步总是意味着更高程度的合作。通常我们很不容易判断哪位政治家或哪个政党能够真正将群众带上进步之途，因为每一个人都是以他自己的生活方式来做判断的。但是，假使一个政党能使其党内成员彼此水乳交融，我们对这种活动便无可异议。同样的，在国家动向上，如果当政者的目标是在将儿童培育成良好的公民并增加其社会感觉，使他们尊重自己的传统，崇敬自己的国家，并能依照他们认为最理想的方式来改变或制定法律，那么我们对其努力也不应表示异议。班级的活动也是团体的合作运动，由于其目标亦在于促进人类的进步，所以在班上应该避免造成偏见。因此，所有的运动都只应以它们能否增加我们对同类的兴趣来判断其价值。我们将会发现：有助于增加合作的方法是非常之多的。这些方法或许有高下之分，但是，只要能够增进合作，我们就不必因为某种方法不是最好的，而去攻击它。

II. 利己主义

我们无法认同的是只问收获，不事耕耘，只求个人利益的人生观。这对于个人和团体的利益都是最大的阻碍。我们只有通过对同类发生兴趣，人类的各种能力才得以发展出来。说、读、写都是和别人沟通往来的先决条件。语言本身就是人类的共同创作，也是社会兴趣的产品。了解对方也是共同的事情，不是私人的功能。了解就是知道别人心中的想法，它使我们能以共同的意义和别人发生联系，并受人类共同常识的控制。

有一些人终日在追求着个人的利益和优越感。他们给予生活一种私人的意义，认为生活应该是为他们而存在的。然而，这不是相互了解，这是世界上任何一个人都无法同意的看法。我们发现：这种人会因此而无法和其同类发生联系。当我们看到只学会对自己有兴趣的人时，我们经常会发现他的脸上有一种卑鄙或虚无的表情。在罪犯或疯子的脸上，我们也会看到同样的表情。他们不用他们的眼睛来和别人发生联系，他们各人有各自的不同看法。有时候，这种儿童或成人对他们的同伴不屑一顾，他们将视线转开，旁顾他处。

心理障碍

在许多精神病病征中，都可以看到这种和别人交往上的失败。例如强迫性的脸红、口吃、阳痿、早泄等等，都是较受人注意的例子，它们都是由于对别人缺乏兴趣所造成的。

最高程度的孤立即是疯狂。如果能引起他们对别人的兴趣，即使是疯狂也不是无药可治的。他和别人之间的距离比任何其他人都要遥远，或许只有自杀者堪与比拟。因此，要治疗这类个案是一种艺术，而且是一种相当困难的艺术。我们必须设法赢得病人的合作，这一点只有耐心以及最仁慈和最友善的态度才做得到。以前，曾经有人哀求我尽力去治疗一个患有早发性痴呆症的女孩子。她罹患此疾已达 8 年之久，最后这两年是在一家收容所中度过的。她像狗一般地狂叫，到处吐口水，撕扯自己的衣服，并且想要吞下她的手帕。我们可以看出：她对于身为人类的兴趣是多么缺乏。她想扮演狗的角色，我们也能了解其动机。她觉得她的母亲把她像狗一般的看待。她的行为或许是在说："我越看你们这些人类，我越希望自己是一只狗！"我连续对她说了8天话，她却一个字也不回答。我继续和她说话，30天之后，她才开始以含糊不清的语言作答。我对她友善，她也因此受到了鼓励。

如果这一类型的病人受到鼓励而产生勇气，他也不知何去何从。他对于其同伴的抗拒力是非常强的。当他的勇气回复至某种程度，而他又不希望与人合作时，我们也能够预测出其行为。他的举止正如问题儿童：他会做出种种恶作剧，打破任何能够拿到手的东西或攻击监护人。当我第二次和这个女孩子见面时，她便动手打我。我不得不考虑要如何应付。唯一能出乎她意料之外的回答，就是置之不理。你可以想象出这个女孩子的外形——她并不是体格非常强壮的人。我让她打我，仍然装得很和善的样子。她觉得非常意外，因此敌意全消。可是她仍然不知道如何处理其苏醒过来的勇气。她打破了我的玻璃窗，手在玻璃上划破了，我不但不责备她，反倒帮她包扎。通常应付这种暴力的方法，诸如监禁或把她锁在房子里都是错误的方法。如果我们要赢取这个女孩子的合作，我们必须另寻别途。期望疯子做出像正常人一般的行为，是最大的错误。几乎每个人都因为疯子不会像平常人一般地做出反应而感到恼怒。他们不吃不喝，撕扯衣服等等。让他们随心所欲吧！除此之外，我们就没有帮助他们的方法了。

后来，这个女孩子痊愈了。过了一年，她仍然很健康。有一天，当我到她以前被监禁的收容所时，我在路上遇见了她。“你到哪儿去？”她问我。“跟我一道走吧，”我说，“我要到你住过两年的那家收容所。”我们一起到了收容所，我找到以前曾经在这儿治疗过她的那位医师，请他在我诊治另一个病人时，和她谈谈话。当我回来后，这位医师怒火冲天地说：“她是完全好了，可是她却有一桩事情使我非常恼火。她根本不喜欢我！”此后，我还断断续续和这个女孩子见面达10年之久。她的健康情形一直非常良好，她自己赚钱谋生，和友伴们相处融洽，看过她的人没人相信她曾经发过疯。

妄想狂和忧郁症这两种情况，能够特别清楚地显现出他和别人之间的距离。在妄想狂的场合，病人埋怨着所有的人类，他认为他四周的人都沆瀣一气，想来陷害他。患忧郁症的病人会自怨自艾，比方说，他会想：“我破坏了我自己的家庭。”或“我的钱都被我赔光了，我的孩子一定要挨饿了”。然而，一个人在责备自己时，只是他表现出来的外貌，其实他是在责怪别人。例如：一位交际广泛、风头甚健的女士，在遭遇到一次意外之后，再也无法继续参加社会活动了。她的三个女儿都已结婚成家，因此她觉得非常寂寞。几乎在同一时期，她又失去了丈夫。她以前一向是受人尊崇的，她想要找回她所失去的一切，她开始周游欧洲。可是她再也不觉得自己像以往那么重要了，当她在欧洲时，她开始患上了忧郁症。忧郁症对于处在这种环境下的人，是一种很大的考验。她打电报要她的女儿们来看她，但是她们每个人都有借口，结果一个人也没来。当她回家后，她最常说的话是：“我的女儿们都待我非常好。”她的女儿们让她一个人生活，请了一位护士来照顾她，她们只隔一段时间才来看看她。我们不能光从表面上来看她的话。她的话是一种控诉，每一个了解其环境的人都知道她的话是一种控诉。忧郁症是对别人长期的愤怒和责备，由于想要获得别人的照顾、同情和支持，病人只好为他自己的罪过表现得垂头丧气，痛心疾首。忧郁症患者的最初记忆通常都是属于这种样子的："我记得我要躺到长椅上，但是我的哥哥已经先躺在那儿了。我大哭大闹，结果他只好让位给我。"

忧郁症患者还有以自杀作为报复手段的倾向，因此医师第一件应注意的事，就是避免给他们自杀的借口。我自己解除这种紧张的方法是向他们建议治疗中最重要的规则："不要做你不喜欢做的任何事情。"这似乎是微不足道的小事，但是我相信它牵涉到整个问题的基础。如果忧郁症患者能够随心所欲地做任何事情，他还会控诉谁？他还会做出什么事情来报复别人？"你如果想上戏院，"我告诉他："或是想去度假，那么就去吧！如果你在路上发现你不想去了，那么你就不去好了。"这是任何人都能做到的最佳情境。它能使他对优越感的追求获得满足。他像上帝一样，能够做他喜欢做的事情。在另一方面，它却很不容易适应于他的生活方式。他想要指使别人，控诉别人，假使他们都同意他的看法，他就没有指使他人的必要了。这条规则是一种很大的解脱，在我的病人中也从未发生过自杀事件。当然，我们也知道，最好是让一个人来看住这种病人，不过，我的很多病人都没有如我所期待地被紧密跟随着。只要有人在旁边看着，危险就不会发生了。

有时病人会回答："可是我什么事情都不想做！"对这种回答我们已经胸有成竹，因为我听到它的次数太多了。"那么你就先不要做你喜欢做的事情好了。"我会这样告诉他。然而，有时候，他会说："我喜欢整天躺在床上。"我知道如果我准许他，他就不会再想做它。我也知道：如果我阻止他，他一定会坚持到底。因此，我永远表示同意。

这是规则之一。另外一种对他们生活方式的攻击是更为直接的。我告诉他们："如果你照着我的话做，你在两个礼拜内就会痊愈。记住：每天你要设法取悦别人！"请注意这件事对他们的意义。他们原先心里只有一个念头："我要怎样才能使那个人烦恼？"他们的答案是相当有趣的。有些人说："对我而言，这是轻而易举的事。我一辈子不都在做这件事么！"其实他们并没有做这种事。我要求他们考虑我说的话，他们却想都不想。我告诉他们："当你睡不着觉的时候，你可以利用时间去想，你要怎么做才能使某一个人高兴？这样，你的健康一定会有很大进步的。"当我第二天看到他们的时候，我问他们："你有没有照我的话做？"他们回答道："昨天我一上床就睡着了。"当然，这些都是在诚挚、友善的态度下进行的，我一点也没有表示出优越的意味。

其他人会回答："我做不到，我太烦了。"我告诉他们："烦恼就烦恼吧，没什么关系的。你只要偶尔想想别人就得了！"我要他们把兴趣指向别人。许多人说："我为什么要讨好别人？他们都不来讨好我！""你要为你的健康着想，"我回答道："不为别人设想的人，以后也会吃亏的。"在我的经验里，马上就回答："我已经照你说的话想过了"的病人，是绝无仅有的。我的种种努力都是想要增加病人的社会兴趣。我知道他们疾病的真正原因是缺乏合作精神，我要他们也看出这一点。只要他能站在平等合作的立场上，和他的同伴发生联系，他便会很快痊愈。

III. 过失犯罪

另外一种明显地缺乏社会兴趣的例子，是所谓的“犯罪性的疏忽”。例如，有一个人把点着的火柴扔下，引起了一场森林大火。又如，在最近的一个案件里，有个工人结束了一天工作，回家后，把一条电缆横在马路上，忘记收拾，结果一辆摩托车撞上了电缆，骑士也摔死了。在这两个案子里，肇事者都无害人之意。对于这些不幸，他们在道德上似乎不必负什么责任。然而，他并未受过要替别人着想的训练，他不知道要采取预防措施来保障别人的安全。这是较为严重的缺乏合作精神，我们比较常见的有衣履不整的儿童，踩在别人脚上，摔破杯碗，弄坏公共物品，以及做出种种损人不利己的举动的人。

IV. 社会兴趣与社会平等

对于同伴的兴趣是在学校和家庭中训练出来的。我们已经谈过哪些事物可能妨害其他孩子的发展。社会感觉或许不是由遗传得来的本能，但是社会感觉的潜能则是由遗传得来的。能够影响此种潜能发展的因素有：母亲的技巧、她对孩子的兴趣以及孩子自己对环境的判断。如果他觉得别人都充满敌意，如果他觉得四周都是敌人，自己不得不采取防卫手段，那么我们就无法期待他会和别人为友，而且他自己也不会成为别人的好朋友。如果他觉得别人都应该当他的奴隶，他就不会希望对别人有所贡献，而只想驾驭他们。如果他只关心自己的感觉以及自己身体的舒适与否，他就会使自己退出社会。

我们已经说过：为什么最好要让孩子觉得自己是其家庭中平等的一分子，并且要关心其他的所有成员。我们也说过：父母本身彼此应该是很要好的朋友，和外界也应该保持良好而亲密的友谊关系。如此，他们的孩子才会觉得在他们的家庭之外，也有值得信赖的人。我们也提过：在学校里，为什么应该使孩子觉得自己是班上的一部分，也是其他同学的朋友，并能够信任他们的友谊关系。在家庭中的生活和在学校中的生活只是为达成更大目标的准备。它们的目标是教育孩子成为好的公民，成为全体人类平等的一分子。只有在这种情况下，他才能积蓄起勇气，不慌不忙地应付其问题，并为它们找出能增进他人幸福的答案。

如果他能成为所有人的好朋友，并以美满的婚姻和有价值的工作对他们有所贡献，他就不会觉得自己不如别人或被别人所击败。他会觉得这个世界是个友善的地方，处处他都能处之泰然，他会遇见他喜欢的人，应付困难时也能得心应手。他觉得："这个世界是我的世界，我必须积极进取，不能退缩观望。"他非常清楚，现在只是人类历史中的一段时间，他只是整个人类过程——过去、现在、未来——的一部分。但是，他同时也会感到：这个时代正是他能够完成其创造工作，并且对人类发展贡献一己之力的时代。在这个世界真的有许多邪恶、困难、偏见和悲哀，但它是我们自己的世界，他的优点和缺点也是我们自己的。这是我们必须加以改造和增进的世界。我们可以断言，如果每个人都以正确的途径担负起他的工作，他在改进世界的事业中，便已经尽了自己的责任。

担负起他的工作，意思就是要以合作的方式担负起解决生活中三个问题的责任。我们对于一个“人”的所有要求，以及我们能够给他的最高荣誉，就是他必须身为良好的工作者，所有其他人的朋友和爱情与婚姻中的真正伴侣。一言以蔽之：他必须证明他是人类的一个良好的同伴。

十二

爱情与婚姻

I. 爱情、合作与社会兴趣的重要性

在德国的某一个地区，有一种古老的风俗来试验一对未婚夫妻是否适合一起过婚姻生活。在结婚典礼之前，新郎和新娘先被带到一片广场，那儿已经事先安置好一棵砍倒的大树。他们要用一把两端都有把手的锯子，将这棵树的躯干锯为两段。由这个试验，可以看出他们两人愿意和对方合作的程度有多高。如果他们之间无法协调合作，他们将彼此掣肘，而终将一事无成。如果他们之一想要居功，什么事都要自己来，而另一个又甘心让开，那么他们的工作将会事倍功半。他们两人都必须积极进取，而且他们的积极进取还必须结合在一起。这些德国农民已经知道：合作是婚姻的首要条件了。

如果有人问我爱情和婚姻是什么，我将会给

他下列的定义，虽然这很可能是不完整的："爱情，以及其结果的婚姻，都是对异性伴侣最亲密的奉献，它表现在心心相印，身体的吸引以及生儿育女的共同愿望中。我们很容易看出：爱情和婚姻都是合作的一面——这种合作不仅是为了两个人的幸福，而且也是为了人类的利益。"

爱情和婚姻是为人类利益而合作的这种观点，能够解决这个问题的每一方面。即使是人类各种追求中最重要的肉体的吸引力，对于人类的发展也是不可或缺的。我经常说：人类由于体能上的限制，所以没有能够在这贫瘠的地球上永久生存下去。因此，保存人类生命的主要方法，就是经由我们的生殖能力和对肉体吸引力的不断追求，来繁衍后代。

在我们这个时代，我们发现：在有的爱情问题里，会有各种的困难和纷争。结了婚的夫妇面临着这些困难，父母们也关心着他们，最后整个社会都牵涉入他们的难题里。因此，如果我们要为这问题找出一个正确的结论，我们的研究必须完全摒弃偏见。我们必须忘掉我们所学过的事物，在探讨问题时，应该尽我们所能地不要让其他的思考来干涉完全自由的讨论。

我的意思并不是说，我们能够把爱情和婚姻的问题当作是完全孤立的问题。人类是绝对无法依此方式获得完全自由的：只凭他个人的想象，他绝不能解决他的问题。每一个人都受着几种固定系带的束缚，他在一个固定的架构之中发展，他必须依照这个架构做出种种决定。这些系带之所以发生，第一是因为我们居住在宇宙之中的某一特定点。而且必须在环境加予我们的许多限制之下发展；其次是我们生活在我们的同类之间，我们必须学习使自己适应他们；最后是人类有两种不同的性别，我们种族的未来就依赖这种两性关系。

我们不难了解，假使一个人关心着他的同伴以及人类的幸福，他做每一件事情时，都会先考虑到其同伴的利益，他解决爱情和婚姻问题的方式，也不会损及别人的幸福。他不必一定知道，他是在依此方式解决问题，你如果问他，他对自己的目标可能也无法说得很清楚，但是他却自然而然地在追求着人类的幸福和进步，在他的各种活动里，都可以看出他的这种兴趣。

有许多人对于人类的幸福是不太关心的。他们的人生观中，从来不问："我对我的同胞能有什么贡献？""我要怎样做才能成为团体中良好的一分子？"而只问："生活有什么用？它能给我什么好处？我要为它付出多少代价？其他的人有没有为我着想？别人是不是欣赏我？"如果一个人应付生活问题时，总是抱持着这种态度，他也会用这种方式来解决爱情和婚姻的问题。他会不断地问："它能带给我什么好处？"

爱情并不是像某些心理学家所想象的是一种纯粹自然的事情。性是一种驱力，一种本能，但是爱情和婚姻并不单单是如何满足这些驱力的问题。无论从哪个角度看，我们都会发现：我们的驱力和本能都已经过发展而变得优雅和高尚。我们已经压抑掉我们的某些欲望和倾向。从我们同伴的行为中，我们学会了：要怎样做才不会惹怒对方。我们也学会了怎样穿着，怎样修饰自己。即使是饥饿，也不只是寻求自然的满足，我们有高雅的口味，进餐时，也要顾及种种礼仪。我们的驱力已经全部适应于我们共同的文化；它们都表现出我们已经学会的，为人类福祉和为我们的社会生活所作的各种努力。

如果我们把这种了解应用到爱情和婚姻的问题之上，我们又会发现到：在此，它又无可避免地牵涉到大众的利益、对人类的兴趣等问题，这种兴趣是很基本的。在我们认清爱情和婚姻的问题只有考虑人类整体的利益才能获得解决之前，讨论这个问题的任何方面，例如它的补救、改变或新的婚姻制度等等，都是没什么益处的。也许我们应该改进它，也许我们应该为这个问题找出更完全的解答。但是，即使我们能够找到更完好的答案，它之所以完好，也是因为它能更周全地考虑到：我们生活在地球的表面上，必须和别人联系，而且有男女两种性别。只要我们的答案能顾及这些情况，其中的真理便能永久屹立不动摇。

当我们采用此种研究方向时，我们在爱情问题中的第一个发现就是：它是要两个人协力合作的工作。对许多人而言，这是一种全新的工作。我们多多少少都曾经学过如何单独工作，也多多少少学过如何在一群人之中工作。但是，我们通常都很少有成双成对工作的经验。因此，这些新的情况会造成一种困难。可是，如果这两个人以往对他们的同伴都很感兴趣的话，要解决这种困难便容易得多，因为如此一来，他们便很容易彼此发生兴趣。

我们甚至可以说，要完全解决这种两个人的合作问题，每一个配偶都应该关心对方更甚于关心自己。这是爱情和婚姻成功的唯一基础。我们应该已经能够看出：有许多关于婚姻的意见及其改革计划，都犯了什么样的错误。如果每一个配偶对于其伴侣的兴趣都高过对自己的兴趣，那么他们之间便会有真正的平等。如果他们都很诚意地奉献出自己，他们便不会觉得自己低声下气或受人压抑。只有男女双方都有这种态度，平等才有出现的可能。他们两人都应该努力使对方的生活安适和富裕，这样，他们才会有安全感。他们才会觉得自己有价值，觉得自己被需要。在此，我们可以看到婚姻的基本保证，以及此种关系中幸福的基本意义。这种感觉使你觉得：你是有价值的，没有人能代替你，你的配偶需要你，你的行为正确，你是一个良好的伴侣和真正的朋友。

在合作的工作中，是不可能让一个伴侣接受从属的地位的。两个人中如果有一人想要统治对方，强迫对方服从，他们便无法很快乐地生活在一起。在我们现在的情况下，有许多男人（其实有很多女人亦是如此）相信：男人应该扮演领袖的角色，他们要独裁专制，成为一家之主。这是我们为什么有这么多不愉快婚姻的原因，没有人能够心平气和地忍受卑下的地位。伴侣必须是平等的，人们只有在平等的时候，才能找出克服共同困难的方法。比方说，在此种情况下，他们才能对生儿育女的问题达成协议。他们知道：当他们决定不生育时，他们已经发出了能影响人类未来的誓言。他们也会对教育问题达成协议。当他们遭遇到问题时，会尽快设法解决，因为他们知道：受不愉快婚姻影响的儿童，在精神上会饱受痛苦，而且不会有良好的发展。

II. 婚前准备

在我们现代的文化里，人们经常都没有做好合作的准备。我们的教育都太注重个人的成功，都太强调要考虑我们能够从生活中获得什么，而不是我们能付出什么。我们很容易了解：当两个人以婚姻的亲密关系生活在一起时，在合作方面和对人关心方面的任何失败，都会导致不幸的后果。有许多人都是第一次经历到这种亲密的关系。他们非常不习惯于考虑另一个人的利益、目标、欲望、野心和希望。他们还没有准备要解决共同的问题。我们不必为举目所及的许多错误感到讶异，我们应该面对这些事实，并学习如何在将来避免错误。

儿童时期的影响

如果未经训练，成人生活的危机是很难应付得宜的：我们一直都是遵照着我们的生活方式做出种种反应。婚姻的准备并非一蹴而就。在一个孩子典型的行为里，在他的态度、思想和动作里，我们都可以看出，他是如何在训练自己，以准备应付成人的情境。他对爱情态度的主要轮廓都是在五、六岁时便已经定型了。

在儿童发展的早期，我们便能够看出，已经在形成他对爱情和婚姻的展望。我们切不可以为他是在表现出像成人一般的性激动，他只是在对平常社会生活的一面下定决心而已，他觉得他自己是此种社会生活的一部分。爱情和生活都是他环境中的因素，它们自然而然地侵入他对自己未来的概念之中。他对它们必须有某种程度的理解，对这些问题也必须抱持某种立场。当儿童很早便显现出他们对异性的兴趣，并选择他们所喜欢的对象时，我们绝不可以认为这是一种错误、胡闹或性早熟的影响。我们不应该嘲弄它或拿它当笑话。我们应该把它当作是他们迈向爱情和婚姻准备的一个步骤。我们不仅不应取笑他们，还应该同意孩子的看法，认为爱情是一种神圣的工作，是他们应该准备从事的工作，是全体人类都必须参加的工作。如此，我们才能在孩子心中建立起一个理想，让他们在以后的生活中，能够以教养良好的、肯热诚奉献的姿态和对方交往。将来，我们将会发现：孩子们都会成为一夫一妻制最忠诚的拥护者，尽管他们父母的婚姻不十分和谐，他们亦不会受其害。

性教育

我从来不鼓励父母们太早对孩子们解释肉体上的性关系，或是对他们说太多他们还无法接受的性知识。你能够了解：孩子们对婚姻问题的看法是非常重要的，如果教导方法错误，他们会把它看作是一种危险或是非他们力所能及的事情。依据我的经验，在早年生活中，如四至六岁时，便知道成人性关系的孩子，以及有早熟经验的孩子，在以后的生活里，都比较容易受到爱情的伤害。对他们而言，身体的吸引力还代表了危险的信号。如果孩子在较为成熟之后，才有初次的经验和知识，他就不会这么害怕。他在了解男女正确关系时，犯错误的机会也少得多。帮助孩子的秘诀是不要对他撒谎，不要逃避他的问题，要了解他问题的背后是什么，并只向他解释他希望知道的事情以及我们确知他能够了解的事情。道听途说、凭空捏造的性知识对孩子的危害最大。这个生活问题和其他问题一样，最好是让孩子自己独立思考，凭他自己的力量去学习他想知道的事物。如果他和他的父母能够彼此信赖，他便不会遭受困扰。他会向父母问他需要知道的事。平常还有一种迷信，认为孩子会听其友伴的蛊惑而误入歧途。我还没有看过在其他方面都很健全的孩子，会因此而受害的。孩子们并不会听信同学告诉他们的每一件事情，他们大部分都是很有鉴赏力的，如果他们不能确定他们所听到的事是否真实，他们会问父母或哥哥、姐姐。当然，我也必须承认，我经常发现孩子对这些事情都比他们的长辈敏感，而且不愿启齿发问。

选择配偶的影响因素

即使是成人生活中的肉体吸引力，也是在儿童时代便已经训练出来的。孩子们所获得的关于爱怜和吸引的印象，和当时环境中异性给他的印象等等——都是肉体吸引力的开始。当男孩子从他的母亲、姐妹或四周的女孩子那儿获得了这些印象后，在以后生活中能使他感到有肉体吸引力的类型，都会被他早年环境中这些人的相似性所影响，有时候，他也会受艺术作品的影响。每个人都如此地受着他个人审美观念的驱使。因此，广义地说，个人在往后的生活里便不再有选择的自由，他只能依照他以往受过的训练来选择。这种对美的追求，并不是毫无意义的追求。我们的审美情绪一直都是以健康的感觉和人类的进步为基础的。我们所有的功能，都是遵循此方向而形成的，我们无法逃避它。被我们认为是美丽的东西，都是看起来似乎能永垂不朽的东西，以及对人类的利益和人类的未来有用的东西；它也是我们希望我们的孩子朝此发展的方向。这就是不断驱策着我们前进的美感。

有时候，如果男孩子和母亲相处不和，女孩子和父亲不和（当婚姻中的合作不甚和谐时，经常发生此情况），他们会寻求和父母正好相反的类型。譬如，如果一个男孩子的母亲事事对他吹毛求疵，如果他很软弱，又怕受人压制，他便很可能觉得只有看起来不盛气凌人的女性才有性的吸引力。他很容易因此而造成错误：他找对象时，可能只找愿意顺服他的女性，然而，这种不平等的婚姻，是不可能美满的。有时候，如果他想证明自己强壮有力，他会找一个看起来也很强壮的伴侣，这也许是因为他喜欢强壮，也许是因为他觉得她较富挑战性，能够证明他自己的强壮。如果他和母亲的不和非常深刻，他对爱情和婚姻的准备可能受到阻碍，甚至异性对他的肉体吸引力也会降低。这种障碍有许多种不同的程度，最厉害的一种是他完全排斥异性，而变成性欲倒错。

如果我们双亲的婚姻非常和谐，我们的准备即较为良好。孩子们从他们父母的生活中，获得了婚姻是什么样子的最早印象。因此绝大多数生活中的失败者都出身自婚姻破裂或不愉快的家庭，这乃是无足惊讶之事。如果父母本身都不能合作，他们自然更不可能教他们的孩子合作。我们在考虑一个人是否适合结婚时，经常都是看他是不是曾经在正常的家庭中受过训练，以及看他对待父母、兄弟姐妹的态度。最重要的因素是他在何处得到他对爱情和婚姻的准备的？我们知道：决定一个人的并不是他的环境，而是他对环境的估计，他的估计是很有用的。很可能他在父母的家中经历过非常不愉快的家庭生活，但这只刺激他设法使自己的家庭生活更为美满。他可能努力地使自己有更好的结婚准备。我们不能只因为一个人有过不幸的家庭生活，便来批判他或拒绝他。

III. 婚姻的承诺与责任

最坏的情况是个人只顾到自己利益的时候。如果他受过此种训练，他会终日盘算：他能从生活中得到什么样的快乐或兴奋。他会一直要求着自由和解脱，从不考虑要怎样才能使其伴侣的生活更轻松，更富裕。这是一种不幸的做法。我把他比拟为缘木求鱼。它不是罪恶，而是一种错误的方法。因此，在准备我们对爱情的态度之时，我们不能只图安逸或只想逃避责任。爱情中如果含有犹豫和怀疑，爱情便不会坚固。

婚姻中的合作需要有永恒不变的决心；当这种结合中含有固

定不变的决心时，我们才认为它是真正爱情和幸福婚姻的例子。这种决心不仅包括有生儿育女的决心，并且要教育他们，训练他们合作，尽我们的力量使他们成为良好的公民，成为人类种族中平等负责的一分子。美好的婚姻是我们养育人类未来一代的最好方法，所有的婚姻都应该记住这一点。婚姻其实是一项工作，它有它自己的规则和律法。我们不能只选用其中一部分，闪避其他部分，而又不损及地球上的永恒定律——合作。

如果我们只把我们的责任限制在 5 年之间，或者把婚姻当作是一段试验时期，那么便不可能有真正亲密的爱情奉献。男人或女人假使这样地为自己预存退路，他们便不会集中全力来从事此工作。任何一种严肃而重要的生活工作，都是不能先管自己安排脱身之计的。我们无法造出有限度的爱情。所有老谋深算，千方百计想从婚姻中脱逃的人都走上了错误之途。他们脱逃的企图会损及他们的配偶，使其心灰意懒。在失望之余，他们的配偶也会成全其脱逃的愿望，而不再履行他们决定要一起实现的诺言。我知道在我们的社会生活中有许多困难，它们妨害了许多人使其无法依正当途径来解决爱情和婚姻的问题，即使他们有心要解决它，亦是无可奈何。然而，我们却不能因此而舍弃爱情和婚姻，我们要消除的是社会生活的困难。我们知道甜蜜的爱情关系需要哪些特性——真实，忠诚，可靠，不保留，不自私……。你不难了解，假使一个人整天疑神疑鬼，他便不适于结婚。假使夫妻两人都决心要保留个人的自由，真诚的爱情关系就没有实现的可能。这不是爱情，在爱情关系里，我们并非无拘无束，可以肆意行动的。我们必须受到合作的约束。

下面，让我举个例子来说明：私人的独断专行不仅对婚姻的成功和人类的幸福无益，而且会损害到男女双方。

我记得有一个案子，其中一对离过婚的男女结了婚。他们都是知识程度颇高的人，而且都希望第二次的婚姻会比初次理想。然而，他们却不知道他们的初次婚姻是如何失败的。他们只想找寻补救之道，可是都看不出自己缺乏社会兴趣。他们自命为自由思想者，他们希望能有不受拘束的婚姻，以免彼此感到厌烦。因此，他们约好每个人都有完全的行动自由，大家都可以做自己想做的事情，不过却要彼此信赖，把自己做过的事情告诉对方。在这一点上，这位丈夫似乎勇敢得多。每当他回家时，他都有许多风流韵事来告诉他的妻子。她似乎很喜欢听这些话，并深以她丈夫的风流倜傥为荣。她一直想仿效他，建立她自己的爱情关系，但是在采取行动之前，她便患上公共场所恐惧症。她不敢单独出门，她的精神病使她整天待在家里，当她跨出家门时，便觉得浑身不适，不得不退回去。这种恐惧症表面看来似乎是避免使其决心付诸实现的方法，其实还不仅如此。由于她不能单独出去了，她的丈夫也只好在她身旁陪她；你可以看出这种婚姻的逻辑是如何打破其决定的。这位丈夫由于要留下来陪妻子，再也无法成为自由思想者了。她自己因为害怕单独一个人出门，所以也无法运用她的自由。这位妇女如果想治愈的话，必须先对婚姻有较清楚的了解，她的丈夫也必须把它看作是一种合作的工作。

另外还有些错误是在婚姻开始之前便已经造成的。在家中娇生惯养的孩子，结婚之后，经常会觉得受到忽视。他们没有想过要使自己适应于社会生活。被宠惯的孩子结婚后也可能成为暴君，使他的伴侣觉得受人凌虐，觉得自己是在牢笼里，而想开始反抗。当两个娇生惯养的人碰在一起时，一定会发生许多有趣的事情。

他们两人都会要求对方关心自己，注意自己，可是两人都不会觉得满意。下一步骤就是找寻解脱之道：其中之一开始和别人勾搭，希望能获得较多的注意。有些人无法只和一个人恋爱，他们必须同时和两个人坠入爱情。这样，他们才感到自由。他们能从一人身边逃到另一人身旁，而且不必负爱情的全部责任。脚踏两只船其实就是一无所有。

还有些人想象出一种浪漫的、理想的，而又非人力所能及的爱情。他们沉迷在他们的幻想里，而不在现实中寻求他们的伴侣。太高的爱情理想可以用来拒绝掉发生爱恋的机会，因为他们总觉得没有人配得上他们。有许多男人，尤其是许多女人，由于在发展中的错误，而训练自己要讨厌并排斥自己的性别角色。他们妨害了他们的自然功能，如果未经治疗的话，他们在身体上也无法完成成功的婚姻。这就是我所说的“对男性的羡慕”。在我们现代的文化中，由于对男性地位的过分高估，最容易造成此种错误。如果孩子们怀疑自己的性别角色，他们便会感到不安全。只要男性角色被认为是较占优势的角色，不管是男孩或是女孩，都会自然而然地觉得男性角色是值得羡慕的。他们会怀疑自己是否有足够的能力来扮演此种角色，会过分强调男性化的重要性，会设法避免受人试验自己的男性化程度。在我们的文化中，这种对性别角色的不满是非常普遍的。在所有女性性冷淡和男人心因性阳痿的个案里，我们都能疑心它的存在。这些个案都是对爱情和婚姻的抗拒，而且此种抗拒正是适逢其所。除非我们真正有男女平等的感觉，否则便不可能避免这种失败，而且只要人类的一半还有对其地位觉得不满的理由，婚姻的成功便仍然有很大的障碍。此处的补救之道是平等的训练，而且我们也不能容许我们的孩子对其未来的性别角色觉得模糊不清。

我相信，在结婚之前避免发生性关系，是爱情和婚姻中亲密奉献的最佳保证。我发现，大部分的男人都不喜欢他们的情人在结婚之前先献出自己的身体。有时候，他们把它当作是一种不贞的表示，并且会因此感到震惊。而且，在我们文化的现况中，如果在婚前有超友谊关系，女孩子的负担将沉重得多。假使促成婚姻的是恐惧，而不是勇气，那也是一种重大的错误。我们可以了解：勇气是合作的一面，假如男人或女人是由于恐惧而不得不和其伴侣结合，他们便不会真心和对方合作。当他们和社会地位或教育程度较他们为低的人结婚时，亦是如此。他们对爱情和婚姻深怀恐惧，并且希望要造出他们的配偶会尊敬他们的情境。

友谊

友谊是训练出社会兴趣的方法之一。从友谊中，我们学会如何推心置腹，如何体会到别人的心情和感受。如果一个孩子受到了挫折，如果他始终受人监护，如果他孤孤单单地长大，没有同伴，也没有朋友，他就不会发展出为别人设想的能力。他一直以为他是世界上最伟大的人，而且也急着要保全他自己的利益。友谊的训练是一种婚姻的准备。假如我们把游戏当作是一种合作的训练，它也是很有用的。但是在孩子们的游戏里，我们却经常发现竞争和超过别人的欲望。布置一些能够让两个孩子一起工作、一起读书和一起学习的情境是很有意义的。我们绝不可小看舞蹈的价值，舞蹈这一类的活动必须由两个人或多人共同完成，因此我认为舞蹈的训练对孩子们是有益处的。当然我所指的并不是表演性质多于共同工作的舞蹈。如果我们有专供孩子跳的简易舞蹈，对于他们的发展必然有很大的助益。

职业的问题也能帮助我们看出一个人是否已经作好婚姻的准备。今日，对于这个问题的解决必须置于爱情和婚姻问题之前。配偶之一或夫妻两人都必须有职业，这样他们才能解决他们的生活，并支持他们的家庭。我们不难了解：良好的婚姻准备必定包含有良好的工作准备。

IV. 幸福婚姻的维护

我们不难看出一个人在接近异性时的勇敢程度，及其合作能力的程度。每一个人都有他特别的接近方法，都有他特殊的战略，以及其求爱的气质，这些都是和他的生活方式协调一致的。在这种恋爱气质中，我们可以看出他是否对人类的未来点头称是，是否有信心，是否合作或是只对自己个人有兴趣，临场退缩，并不断地责问自己："我将演什么样的一出戏？他们会怎么想我？"一个人在求爱的时候可能小心谨慎，也可能热情激进，无论如何，他的恋爱气质总是和他的生活方式符合一致，而且只是它的一种表现而已。我们不能完全凭一个人在求爱时的表现来判断他是否适合结婚，因为此时他有一个直接的目标在眼前，在其他场合，他可能变得优柔寡断，犹疑不满。然而，我们仍然能从其中获得其人格的可靠指标。

文化的影响

在我们的文化背景下（也只有在此背景下），通常人们多期望男性采取主动，先表示出爱慕之意。因此，只要这种种文化要求继续存在，我们就必须训练男孩子们培养男性的态度——主动、不犹疑、不退缩。然而，他只有觉得自己是整个社会生活的一部分，并将其利弊视为与自己切身相关时，他们才肯接受此种训练。当然，女性们也参加求爱活动，她们也会采取主动。但是在我们现在的文化背景下，她们觉得自己非保守不可，因此，她们对异性的仰慕表现在她们的风姿仪态、她们的穿着打扮以及她们的顾盼谈吐里。因此，我们可以说：男性对异性的接近是简单肤浅的，而女性则是深沉复杂的。

性生活

现在，我们可以再作进一步的讨论了。对于配偶的性吸引力是绝对必要的，但是它却应当依照人类的幸福来加以改造。如果配偶真正的彼此感兴趣，他们便不会遭遇到性吸引力消失殆尽的困难。这种消失总是意味着兴趣的缺乏，它告诉我们：这个人对他的伴侣不再觉得平等友善和合作，也不愿意再充实其伴侣的生活。有时候，人们觉得兴趣仍在，可是吸引力却消失了，这绝不是真的。我们的嘴巴经常撒谎，脑筋也时常不明白，但是身体的功能却会吐露出实情。如果性的功能有了缺陷，必定是这两人之间未能真正的协调。他们彼此都已经丧失了兴趣，要不然，最少也是其中之一不再希望解决爱情和婚姻的问题，而只寻求着逃脱之道。

人类的性驱力和其他动物的性驱力有一点不同之处。它是连续不断的。这是人类的幸福和延续得以确保的另一途径。人类之所以增加，绵延不断，并能以其巨大的数量来安然度过种种浩劫，都是由此之故。其他的动物都采用了另外的方法来保存他们的生命，例如，我们发现有许多动物的雌体都产下大量的卵，它们大部分在成熟之前便已经受到毁坏了，但是总有一部分能安然无恙，因此这些动物也能生存下去。生儿育女也是人类保全生命的方法之一。所以在爱情和婚姻的问题中，我们发现，最能够自发自动地关心人类利益的人，都是最盼望要生育儿女的人，而在意识或潜意识中对其同类不感兴趣的人，都会拒绝接受子女的负担。如果他们总是索求和期待而不愿给予，他们便不会喜欢孩子。他们只关心自身，而把孩子看作是一种麻烦、一种累赘、一种负担、一种会妨害他们自身利益之物。因此，我们可以说：要完满地解决爱情和婚姻的问题，生儿育女的决心是必不可少的。婚姻是我们可知道的，是养育人类未来一代的最佳方法，所有的婚姻都应该记住这一点。

一夫一妻制度

在我们实际的社会生活中，对爱情和婚姻问题的解决是一夫一妻制。它需要真诚的奉献，以及对配偶的关注，因此，诚心诚意地开始此种关系的人便不会破坏其基础，而寻求脱身之道。然而我们也知道这种关系并非没有破裂的可能性，只是我们却无法永远避免其破裂。最能避免它的方法是把爱情和婚姻当作是一种社会工作，是一种我们期望能将之解决的问题，然后我们才会想尽各种方法来解决它。这种破裂之所以发生，通常是因为配偶们未付出全力，他们不想创造出美满的婚姻生活，而只等待着要获得某些东西。如果他们以此种方式来面对这个问题，他们自然会在其面前失败。把爱情和婚姻当作和天堂一样，是错误的；把结婚当作是恋爱史诗的终结，也是错误的。当两个人结婚后，他们的各种关系才是正式开始。在婚姻里，他们才面临了生活中的真正工作，才有了为社会而创造的真正机会。

V. 婚姻观与人生观

另外一种观点，把婚姻看成为一种终结或一种最后目标的观点，在我们的文化中也是非常流行的。比方说，在许许多多的小说里，我们都能看到这种看法。新婚夫妇其实正是他们一起生活的开始，然而，小说的情节却描写得好像一结婚，什么事情都圆满解决了，好像他们的工作已经大功告成了。另外一个必须加以确认的重要观点是：爱情本身并不能解决一切。爱情的种类非常繁多，要解决婚姻问题，最好是依赖工作、兴趣和合作。

在这整个关系中，并没有什么奇妙的事情。每一个人对婚姻的态度都是其生活方式的表现之一，如果我们能了解他的为人，我们便能了解它。它和他的各种努力和目标都是一致的。因此，我们应该能够看出为什么有那么多人总是想求得解脱或逃避。我可以正确地说出有多少人拥有此种态度，这批人都是被宠坏的孩子。这是我们社会生活中一种危险的类型——这些长大了的被宠坏的孩子，他们的生活方式都固定在四、五岁的阶段，而始终有着这样的观念：“我能够得到我想要的所有东西么？”如果他们不能得到他们想要的每件东西，他们会认为生活是没有目的的。“如果我不能得到我想要的东西，”他们问道：“生活还有什么意义呢？”他们变得悲观，他们构出“求死的希望”。他们把自己弄得神经兮兮，从他们错误的生活方式中，他们构成了一套哲学。他们认为他们的错误观念是天下唯一的瑰宝：由于这个世界压抑了他们的欲望和情绪，所以他要表现出这种切齿的痛恨，他们一直都在受着这种训练。

他们曾经一度享受过一段美好的时光，当时，他们能随心所欲地得到每件东西。因此他们之中有些人仍然以为：只要他们哭得够响，只要他们提出抗议，只要他们拒绝合作，他们就能获得他们所欲之物。他们不顾人类生活的共同利益，而只管他们个人的利益。结果他们不愿奉献一己之力，只希望不劳而获，从而变为贪得无厌。所以，他们对婚姻一事也是浅尝辄止，他们希望有试验性的婚姻、露水夫妻式的婚姻，以及能够随意离婚的婚姻。在结婚之前，他们便先要求自由和不忠实的权利。可是，如果一个人真正对另一人感兴趣，他便会拥有属于这种兴趣的各种特征，他必须成为真诚的友伴，他必须勇于负责，他必须使自己忠实可靠。我相信，未曾成功地完成此种爱情生活或此种婚姻生活的人，对这一点，总应该了解，他的生活犯了什么样的错误。

婚姻对孩子的影响

关心孩子们的幸福也是非常必要之事。如果婚姻不是以我所主张的观念为基础，它在抚育孩子方面便会有很大的困难。如果父母常吵架，并将他们的婚姻视同儿戏，如果他们不再认为他们的问题能够顺利解决，他们的关系能够延续下去，那么这种婚姻便不是能够帮助孩子发展其社会性的有利情境。

婚姻中的矛盾

也许人们有许多不能生活在一起的道理，也许在某些场合他们最好还是分开，但谁能作这种决定呢？我们可以将这种决定权付之于那些自己本身都未受到良好教养，都不了解婚姻是一项工作，而且又只关心自己利益的人么？他们对于离婚的看法，正如他们对结婚的看法一样："从其中能得到什么好处？"他们显然不是适于作决定的人。你可以看到经常有许多人一再的结婚又离婚，又一再的犯下同样的错误。

那么应该让谁来决定呢？也许我们可以想象到：当婚姻中出了某些差错时，应该让精神病学家来决定它是否应当决裂。这在我们这儿是有困难的。我不知道美国人的想法是否如此，但是在欧洲我却发现大部分的精神病学家都主张个人的利益是最重要之点。因此，当他们遇到这种来咨询婚姻问题的人时，他们会劝其去找一个情人，以为这样就能解决问题。我敢断言：不久他们就会改变主意，而不再作此种劝告。他们之所以会作此种建议，是因为他们不了解这个问题的整体性，以及它和我们这世界上其他工作之间的紧密关系。这种关系是我一直希望你们特别加以注意的。

当人们把婚姻视为个人问题的解决方法时，也犯了类似的错误。在此，我也无法述说美国的情形，但是我知道，在欧洲，当男孩子或女孩子有精神病的倾向时，精神病学家会劝他们去找情人或开始性关系。对成人，他们也给予同样的劝告。这其实是把爱情和婚姻看作是一种百病灵丹，结果使这类病人更为彷徨，更不知何去何从。爱情和婚姻问题的正确解决，属于整个人格最完美的实现。没有哪一个问题比它包括有更多的欢乐，以及生活中真实而有用的表现，我们绝不能视之为微不足道的小事。我们也不能把它当作是罪犯、酗酒或精神病的救急药方。精神病患者在适于爱情和婚姻之前，必须先接受正确的治疗。如果他还没有适当地应付它们的能力，便贸然行事，他一定会遭到新的危险和不幸。婚姻是一种非常高的理想，它的解决需要我们做出许多的努力和创造性活动，身心不健康的人是很难负起这个重担的。

VI. 婚姻与男女平等

在其他方面，婚姻也时常指向不正当的目标。有些人是为了经济上的安全而结婚的，有些人是为了怜悯别人，还有些人则是为了要获得一个仆役来侍候他。婚姻中是不容许有这一类儿戏的。我还知道：有些人结婚甚至是为了要增加自己的困难。例如，一个青年人在他的考试或未来事业上可能遭到重重困难，他因此觉得自己可能是很容易失败的人，如果他真的失败了，他便希望能借此原谅自己。所以，他再用婚姻来给自己添加麻烦，以获取脱身之词。

我敢断言：我们非但不应该小看这个问题，而且应该将之置于重要的地位。在我听过的所有婚姻破裂案件中，实际蒙受其害的总是女方。无疑，这是因为男士在我们的文化中所受拘束较少之故。这是我们的一种错误，但是它却无法经由个人的反抗而改正过来。尤其是婚姻本身，个人的反抗总会扰乱其社会关系和伴侣的兴致。要克服它，只有先认清我们文化的整个态度并加以改变。我的一个学生，底特律的罗席教授（Professor Rasey）曾经作过一次调查，发现有 42% 的女孩子都希望自己能身为男人；这表示她们对自己的性别感到不满。当人类的一半对它们所处的地位感到沮丧和不满，而且反抗另一半所享有的较多的自由时，爱情和婚姻的问题能够轻易地解决么？当妇女总是受人轻视，而相信自己只不过是男人的玩物，并认为男人不忠实是理所当然的事，那么，爱情和婚姻的问题能够轻易解决么？

从我们所说过的各点，我们可以得到一个简单明了而且实用的结论：人类不是天生就该一夫多妻或一夫一妻的。但是，我们居住在地球上，被分为两种性别，而且必须和与我们平等的人类交往的事实，以及我们必须以有效的方式解决环境加予我们的三个生活问题的事实，都能帮助我们看出只有一夫一妻制才能使个人在爱情和婚姻中获得最高和最完美的发展。

附录：

阿德勒年谱

（曹永洋编）

1870 年		2 月 7 日出生于维也纳郊外一个犹太裔中产阶级的米谷商人之家。 父亲李奥伯·阿德勒 (Leopold Adler) 祖籍布尔根兰 (Burgen Land)，家境富裕，在六个孩子中，阿尔弗雷德·阿德勒 (Alfred Adler) 排行第二。全家都热爱音乐。
1873 年	3 岁	从小羸弱，患有佝偻症，行动笨拙，喉部也有毛病。这一年睡在旁边的弟弟死了，生性敏感的他已熟悉死亡的滋味。
1875 年	5 岁	罹患肺炎，几乎丧命，决心将来要当一名医生。童年时代在街上被车子撞倒两次，使他对死亡感到极度恐惧。对音乐有强烈的兴趣，熟记许多歌剧的内容。爱花成癖，医生认为新鲜空气对他的佝偻症有益。开始上学。
1880 年	10 岁	在野外游玩时伤害了同伴，以后他情愿待在家里读书和工作。
1881 年	11 岁	进入中学读书。
1887 年	17 岁	高中毕业。进入维也纳大学攻读医学。
1895 年	25 岁	通过考试，取得医学博士学位。医学课程中他最感兴趣的是病理解剖学。社会问题和社会情况也吸引了他的注意力。

1897 年	27 岁	和来自俄国的留学生蒂诺菲佳娃娜(Raissa Tinofejewna)结婚。她个性张扬，能言善辩并关心祖国的社会改革。两人个性、家境迥然不同，初期虽有小摩擦，日后却能相敬如宾，白头偕老。
1898 年	28 岁	成为一名眼科医生。不久他成为一个全科医生，对他来说，病人不只是一个病例，他也探索人格、心理与身体的全盘情况。良好的诊断和博通的学识赢得病人的信赖和称赞。阿德勒熟读弗洛伊德的名著《梦的解析》，深为其折服，行医生涯中面对束手无策的糖尿病患者，深有挫折感，由于克劳夫特·爱宾斯(Krafft Ebings)的鼓励，渐从一般行医工作转到神经科的研究。
1902 年	32 岁	由于他曾在维也纳一本著名的刊物上写文章辩护弗洛伊德的观点，结果大师级的弗洛伊德写信给他，于是加入弗氏主持的讨论会，是年进而成为弗氏集团一员，并成为此集团的领导人之一。后来继弗氏之后成为维也纳心理分析学会(*Vienna Psychoanalytic Society*)主席和《心理分析学刊》(*Zentrablatt für Psychoanalyse*)的编辑。
1904 年	34 岁	出版第一篇心理学论文《教育家的医生》。
1907 年	37 岁	出版《器官缺陷的研究》，书中包含许多新的概念，虽然此书仍显示颇受弗洛伊德的影响。
1911 年	41 岁	弗洛伊德要求讨论会的成员无条件接受弗氏的性理论时，阿德勒起而与之争辩，他认为性不是人类活动的全部原因，而是个人奋斗向上的途径与因素，遂与另外 7 个职员离开心理分析学会。他在这个团体中工作了 9 年。读德国哲学家法依兴格尔(Hans Vaihinger)的著作《“虚假”的心理学》(*The Psychology of “As If”*)深受其影响。

1912年	42岁	率领一群追随者退出心理分析学会，另组“自由心理分析研究学会”(Society for Free Psychoanalytic Research)，并自称其研究为“个体心理学”(Individual Psychology)。
1920年	50岁	声名远播，周游列国，到处讲学，一系列重要著作陆续出版。
1926年	56岁	初抵美国，受到热烈欢迎。
1927年	57岁	受聘在美国哥伦比亚大学开讲座。并在一所“社会研究新学校”担任教授。
1932年	62岁	长岛医学院(Long Island College of Medicine)任命他为医学心理学客座教授。出版《超越自卑》[原名：《生活对你应有的意义》(*What Life Should Mean to You*)]。
1934年	64岁	和夫人定居美国纽约。在1935年，创办了《国际个体心理学学刊》(*International Journal of Individual Psychology*)。出版著作除本书《超越自卑》之外，尚有《了解人类的性情》(问题孩童》《优越感与社会兴趣》《阿德勒的个体心理学》和《自卑与生活》[原名：《生活的科学》(The Science of Living)]。
1937年	67岁	受聘赴欧洲讲学。由于过分劳累导致心脏病突发，客死于苏格兰阿伯丁市(Aberdeen)，享年67岁。